JN336944

高校生からわかる マクロ・ミクロ経済学

菅原 晃

河出書房新社

高校生からわかる
マクロ・ミクロ
経済学
目次

経済学の揺るぎない基礎を身につけるために

山形浩生

経済学の入門書なんて、すでに腐るほどある。本書と似た「高校生の云々」と題名に冠した入門書ですらすでに複数あるくらい。そこにまた一冊加わろうとしている本書は、類書と何がちがうのか？

それは、この本が一方ではぼくたちが経済――特に国全体のマクロ経済――を考える際の基本を厳選していること、そしてそれを手抜きなしにきちんと、それこそ高校の参考書並みにわかりやすく説明していることだとぼくは思っている。もちろんこの本だけで経済学のすべてがわかる、なんてことは期待してはいけない。世の中には、ものすごく分厚い経済学の教科書がたくさんある。それに比べて、本書に書かれたことは、基礎の基礎だ。でも、本当に重要な基礎で、しかもすぐに応用のきく基礎だ。そして……それはまた、実に多くの人――メディアに出てくる金融機関の専門家を自称する人々、エコノミストを名乗る人々、果てはここに書かれた内容など血肉となっているべき、日本を代表するとされるえらい経済学者たちまで――が、目を覆いたいくらいしょっちゅうまちがえる部分でもある。おかげでぼくたちは日々、経済学的に非常識なメディア報道や妄言ばかりを目にする。そうとは知らずにそれを真に受けたりすると、かえって混乱することになる。

そういう無駄はやめよう。本当の基礎をきちんとおさえよう。本書はそういう本だ。

さっきも言ったように、「初歩の経済学」といった本はすでにたくさんある。でも多くはあまりに簡単で、安易なたとえ話に頼ってわかった気にさせるだけだ。そしてたいがいは、とっつきやすいミクロ経済学の話から始まるので、読者は何かあたりまえの話ばかりのような気がして、途中で飽きてしまいがちだ。

これに対して本書はまずマクロ経済学の概念から入る。わかったような気分だけにとどまらず、きちんと理解させるために、四則演算程度の算数とグラフはきちんと使った解説ができている。

特に本書では、GDPの三面等価、企業の収支と国の収支のちがい、国の財政問題といった簿記／会計的な見方が必要なテーマを重視する。これは類書の多くでは必ずしもきちんと説明されないことが多い。きちんとやろうとすると面倒になるからだ。だから経済学を勉強したつもりの人でも、うろ覚えの場合が多い。

でもまさにこの部分は、マクロ経済学をときに直感に反したものにしてしまい、多くの人たちがうっかりまちがえる落とし穴だ。複式簿記では、借り方と貸し方がいつも一致しなくてはならない。同じものを、常に複数の面から見なくてはならない。バランスシート（貸借対照表）とP／L（損益計算書）とキャッシュフローは連動しなくてはならない。ところが、往々にして人々は別の面から同じ数字を見ることを忘れて、何か片方だけに関する思い込みでものを言ってしまう。こうして一見もっともらしい大まちがいが出まわることになる。この本では、絶えずこうした複数の見方によるチェックが強調される。

そのために必要な理屈は「等式の左右は常に等しい」というだけ。むずかしい微積分などはまったく登場しない。簿記四級で十分太刀打ちできる程度だ。でも、それを一貫して使うのはなかなかむずかしい。GDP（国内総生産）の三面等価——つまり、国内で生産されるものの総額と、その支出の総額と、その分け方の総額とは同じ——というのは、あたりまえのことなので大学教科書では2～3ページほどでさっと流す。でも、知るのとわかるのと使えるのとでは話がちがう。本書は、少なくともわかる段階まで、しつこく、ていねいに一章かける。そして途中で何度も、それを無視したために生じた誤解や妄言の実例が、実際のメディア報道などから指摘される。そして簿記的な理解を応用する形で、マクロ経済的な国の収支と一企業や個人の収支との差が解説され、そこから貿易収支をめぐる実にありがちな誤解と、財政をめぐる誤解が明解に一章ずつかけて説明され、そして最後はいまのアベノミクス／黒田日銀につながるIS-LMモデル。

すばらしい。ぼくは、一般人なら——経済官僚になったり経済修士号を取ったりする気がない人なら、本書の内容でマクロ経済学について知るべきことはすべてわかると思う。

書き方も非常にわかりやすい。何を入れて、何を削るかを吟味し、実例もちりばめつつ、実に明解な解説が展開されている。理屈があり、それを実際にやってみせ、そしてまちがいの実例をあわせて挙げる——こうしたサイクルが繰り返されて、ポイントがちゃんとわかるようになっている。著者は、この本を高校の勉強と大学の教科書との橋渡しとして書いたという。つまりは、大学受験勉強ですな。でも大学の受験勉強こそは、ぼくは日本人の多くにとって最初で最後の真の勉強だと思っている。多くの大学生がダメになるのは、大学に入ったら受験勉強的な勉強方法をやめてしまうからだ。これは大物理学者ファインマンも言っている。本書は経済学でそれを可能にしてくれる。一流の学者は、実は本物の高校生とあまり接していないし、なまじ頭がいい人が多いので一般人がどこを理解できないのか、あまりよくわかっていない。その点、本書の著者は本職の高校の先生だ。そこらへんのさじ加減は圧倒的な比較優位を持っている。

この本は、通勤通学の途中で流し読みもできる。たぶん見回せば雑誌の吊り広告に、いろいろな見出しが躍っている。でも、そのほとんどは単なるセンセーショナリズムでしかない。経済学的に考えればナンセンスな見出しは毎日のように見かけられる。TPPは、日本の郵便貯金数兆円を狙ったアメリカの陰謀だ、なんていう見出しがまともなものかどうか——ひいてはそれを載せる雑誌の見識がどの程度のものか——すぐわかるはずだ。いまのマスコミは、アベノミクス／黒田日銀によるインフレ目標政策についてあれこれかしましい。執筆時点（2013年6月）では、半年にわたり急上昇を続けてきた株価が一時的に下がったことで、アベノミクス失敗か、といった見出しが躍っている状況。そしてここぞとばかり、一時なりをひそめていた変な議論がまたぞろ噴出している。でも、そのすべての理屈は本書の知識をもってすれば、すぐに蹴倒せるはずだ。

できれば本書は一度流し読みしたあとで、一度腰を据えてノートを取りながら読んでみてほしい。短い本だ。書き方も簡単。一章に一時間もかからないだろう。でも、それをやるとやらないとでは、理解がまったくちがってくるはず。人間は弱い動物だ。自分で手を動かしてしっかりした理解を身につけないと、自信たっぷりにまちがったことを言う人々——貿易赤字が拡大して大問題とか、アベノミクスで国債大暴落のハイパーインフレとか——を前にすると、またふらふらと意識がゆらいでしまい、なんだかその議論が正しいような気持ちになってしまう。それはいちいち自分の理解を振り出しに戻してしまう、時間の無駄だ。それは避けよう。自分の理解のベースをちゃんと築き上げよう。この本では、それができる。

さっきも書いた通り、もちろん本書が経済学のすべてではない。でも、繰り返すけれどここに書かれていることは基礎の基礎だ。そしてここに書かれた議論のほとんどは、会計的な定義から出てくるもので、他の条件がどうなろうと変わりようがない部分だ。例外としては、最後に出てくるIS-LMモデルがある。このモデルは、ちょっと雑な部分や乱暴な仮定をおいている部分がある。だから場合によっては、これで説明しきれないし、最先端の学者たちはこのモデルに顔をしかめたりする。でもその雑な部分ですら、場合によってはかえって強みになる。細やかな動きを説明するには、もっとむずかしい複雑なモデルがある。でも、特にリーマン・ショックやアベノミクスといった、経済全体の条件が大きく変わるような場合には、細やかでむずかしいモデルではかえって扱いきれない。本書で扱うような、雑なモデルが基礎になる。もしそれとはちがう話が出てくるとすれば、何がちがうのか？　どこで話が変わってくるのか？　そういう考え方ができるようになるだけで、世の自称エコノミストや経済評論家よりもはるかにレベルの高い議論ができる。

そんないい本なのに、これまでは著者の自費出版に近い形でしか出ておらず、それもすぐに絶版で古書価格が高騰していたのは残念至極、と思っていたところへ、このたびこうしてもっと入手しやすい形で刊行されるようになったのは幸甚。願わくば、一人でも多くの人が本書を手に取って、経済学の揺るぎない基礎を身につけられますように！

IMF 国際収支マニュアルの改訂に伴い、国際収支の表記法が、2014年1月（3月公表分）から全面的に変更となりますので、2014年2月13日発行の第7刷から、新表記法を巻末に追記・補足しています。

はじめに

この本は、高校で使われている「政治・経済」「現代社会」の教科書・資料集の、経済分野に出てくる用語を用いて、大学で学ばれる、本格的な経済学の入口部分との接点にしようというものです。また、経済について、世間に流布する色々な情報について、判断するための物差し（基準）を提供しようというものです。

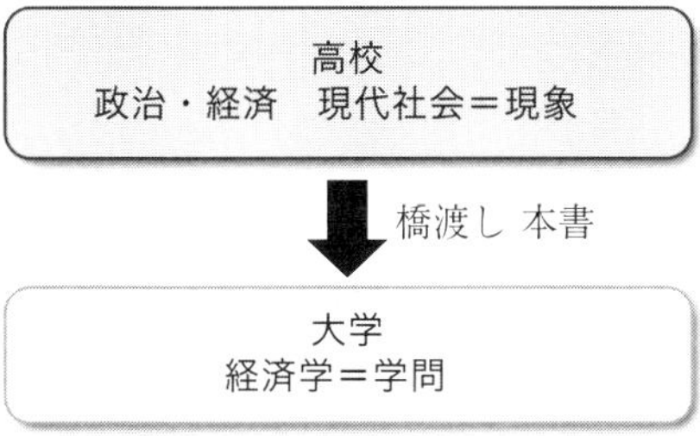

前者は経済（Economy）で、後者は経済学（Economics）ですから、概念は違います。前者は経済現象を示し、後者はそのメカニズム・相関関係・因果関係を説明するものです（「現代社会」は主体的に考察し、「政治・経済」は客観的に考察するという違いがあります）。

本来は、後者の「学問」で前者の「現象」を解説するのが望ましいのですが、実際に世の中にあふれているのは、前者の不確かな知識で、あたかも後者の世界を知っているかのように解説するという、見たところもっともらしい「経済論」です。

たとえば、2011年、日本は、「31年ぶり」に貿易赤字になりました。そうすると、マスコミには、「赤字転落」の文字が躍ります。

「経常収支、赤字の懸念」日本経済新聞2012年1月26日
日本の2011年の貿易収支が31年ぶりに赤字となった。このまま……経常収支も赤字に転落するのだろうか。

「黒字が消える」同
……根底には戦後、輸出立国の道を歩んできた日本経済の構造変化がある。……赤字転落のもう一つの構造要因は……。

「海外所得頼み鮮明」日本経済新聞2012年2月9日
……当面は海外投資から得る利子や配当など所得収支の黒字で穴埋めできそうだが……貿易赤字が広がる可能性はある。

これを受けて、解説面では、次のようになります。

「輸出は日本の命綱」日本経済新聞2012年2月15日
……日本が貿易収支の黒字を回復し、経常収支の黒字を維持し、世界に日本の存在感を再度示すためには……アジアの……需要を輸出や現地生産で取り込み、エネルギー・資源国への輸出を徹底的に伸ばさねばならない。
　1970年代前半まで日本は、食べていくために輸出が命綱……輸出が命綱となる時代が再び遠からず来る。国全体として危機感を持って輸出を奨励する時代に入ったといえよう。貿易収支の赤字……は全て、私たち国民一人ひとりの責任だ。

一見、普通の記事や解説のように見えます。でも、本当は、「赤字転落」は、登山中に転落したイメージとは違って、「資本黒字」増額のことです。資本（カネ）から見たら、黒字上昇ですから、登山で言ったら頂上に近づく、喜ばしいことです。貿易収支の黒字を回復（逆に言えば資本収支赤字の回復）しなくてもかまわないし、貿易黒字はもともと「命綱」ではありません。どちらかというと、「盲腸」のようなものです。なくてもかまいません。

こんな風に、経済学の観点から見るのと、一般的な視点から見るのでは、明らかに違いがあります。経済学的視点から見た、正しい解説は次のようになります。

菅野雅明「日本は経常赤字に陥るか」日本経済新聞2012年2月5日

日本の経常収支がいずれは赤字になるというのは、ある意味で当然のこと。人口が高齢化すれば、国内貯蓄が減少し、どこかの時点で日本の貯蓄投資差額（貯蓄から投資を引いた額）がマイナスに転じるからだ。経常収支と貯蓄投資差額は等しいので、このことは経常収支が赤字化するという意味だ。

……財政赤字が国内の資金だけでまかなえなくなる。これまで政府債務残高のGDP比がギリシャより大きくても、日本の国債が暴落せずに済んだのは、国内の資金で消化できたから。経常赤字になると、その前提が崩れる。消費増税による税収増をはかり、歳出削減に取り組むとともに、効果的な成長戦略を打ち出す。この課題に取り組まないと、危うい。

現時点では難しいかもしれませんが、この解説を理解するには、高校の「政治・経済」「現代社会」教科書（どちらか必ず、選択必修です）で、必ず最初に出てくる、「GDPの三面等価」を知ってさえいれば、十分です。世の中にあふれる経済現象の海を泳ぐには、その程度の基礎知識があれば十分なのです。

『2012　資料政治・経済』清水書院　p230

三面等価の原則

国民所得は、生産・分配・支出の3つの面からとらえることができ、理論的には3面が等しくなる。

この知識さえあれば、「国際収支で、日本の貿易黒字が赤字に転落した」という表現に惑わされることはありません。

記事の正誤を見抜くポイントの一つは、巨視（マクロ）的に見るか、身近な感覚（ミクロ的）で見るかということにあります。マクロは「全体像」でミクロは「個人的視点」です。後者では、残念ながら、「全体像」をつかむことができず、後者の視点だけで全体を斬る（解説する）と、どうも「おかしな話」になってしまいます。

確かに貿易赤字は、2011年に、4兆2830億円に上りました。この額だけを見ると、巨大に見えますし、実際に巨大です。こんな兆などという数字は、身近にありません。

でも、日本全体で1年間に額に汗して稼ぐGDP（国内総生産）は、2011年で470兆円です。それと比較すると、4兆2830億円は、0.9％にすぎません。全体を1万円と考えると、90円です。確かに90円は大切かもしれませんが、1万円に対して、90円と考えるとごくわずかな額です。マクロで見ると、日本の貿易赤字は、この程度の数値です。

また、典型的な間違い論として、経済におけるゼロサム・ゲーム思考というのがあります。経済全体をパイの奪い合いと考え、「どちらかが勝つとどちらかが負ける」というものです。「日本の家電が、軒並み韓国勢のLGやサムスンに負けた」、あるいは「円高で日本企業が海外進出し、その分国内の雇用を減らす」という産業空洞化論もその一種です。

スーパーの棚をめぐり、あるカップめんメーカーが、他のカップめんメーカーに陳列場所を奪われた……。もちろん、企業の最前線では、この「勝った負けた」が繰り返されているでしょうが、このミクロの「勝ち負け」を国際経済（マクロ）に当てはめると、「日本の家電メーカーは、半導体でも、TVでも負けた」「日本は、韓国に負けた」と、実体をあらわさないトンデモ論になってしまいます。このゼロサム・ゲームというのは、基本的に実際のマクロ経済の世界ではありえない話です。

また、ちょっと上級編になりますが、「日本の個人資産は、1400兆円もある。これをうまく活用すべきだ」とか、この1400兆円と、日本国債の残高を比較して、「大丈夫、いや、危険水域」という話もあります。

NHK解説委員室『大人ドリル　どうなる？　日本の借金』2011年3月6日

Q　日本の国家財政が破たんするおそれはないのでしょうか。日本は940兆円もの借金を抱えています。それでも何とかやっていけるのは個人金融資産が1400兆円もあるからです。しかし、社会保障と税制＝歳出と歳入の抜本改革を断行しないと、この数字が逆転する可能性があります。ここでドリルです。このままのペースで歳出増加と歳入不足が続くと、日本の財政赤字が個人金融資産1400兆円を超えるのは何年後でしょうか？

A　答えは９年後の2020年ごろと言われています。

いま、財政金融関係者の間で「2020年問題」という言葉がささやかれています。先の世界的な金融危機や阪神大震災のような不測の事態が起きたら、さらに早まる可能性はありますが、単純計算するとＸデーが来るのは2020年ごろとみられています。もちろん「借金」が「貯蓄」を上回っても直ちに「破たん」ということではありません。しかし、仮にそういう事態になったら、まちがいなく国の財政は大きな危機を迎えることになります。いまのところ、日本は巨額の借金を抱えていても貿易黒字や個人金融資産に支えられて財政破たんという最悪の事態になっていませんが、危機は忍び寄ってきているといえます。

これらの話も、「全体像（マクロ）」が見えないので、不安になってしまいます。結論からいえば、杞憂にすぎません。そのあたりを、解説していきます。

これからこの本で説明するのは、経済学（メカニズム）の領域までに入らない、ごくごく基本的な「事実」の世界です。英語でいえば、中学レベルですが、英会話をするにはそれで十分です。この本を読んだみなさんが、しっかりとした経済学的視点を持っていただけるようになれば、幸いです。

第1章　GDPの三面等価

まず、「貿易黒字が生じるのは、日本人が貯蓄するから」ということを証明していきましょう。「貯金（預金）をすると、貿易黒字になる」のです。この貿易黒字は不景気になると増えます。
「貯金（預金）をすると、貿易黒字になる」「不景気になると貿易黒字が増える」ということを明らかにするのが、「GDPの三面等価」理論です。

『最新図説政経』浜島書店（2013）p209
生産によって獲得《かくとく》された所得は、その生産に関わった人たちに分配され、支出される。生産国民所得・分配国民所得・支出国民所得は、国民所得の流れを、3つの面からとらえたものであり、その額は理論上同じである。これを国民所得の三面等価の原則という。

1．GDP・GNPとは

GDP（国内総生産＝Gross Domestic Product）とは、ある一定期間に、国内で生産されたすべてのモノ・サービスの付加価値（もうけ）の総額です。
ここに、農家、製粉業者、パン屋だけからなる国があるとしましょう。

下の図で、農家は100万円分の生産、製粉業者は150万円分の生産、パン屋は200万円分の生産をしていますので、「総生産」というと450万円になりそうに思えます。しかし、GDP は実際のもうけの総額になります。製粉業者は、原材料として、100万円分の小麦を仕入れています（中間生産物といいます）ので、実際のもうけ（付加価値といいます）は150－100＝50万円です。同じように、パン屋の場合は、200－150＝50万円になります。ですから、農家100万円＋製粉業者50万円＋パン屋50万円、合計200万円が、この国の GDP になります。

GDPの計算

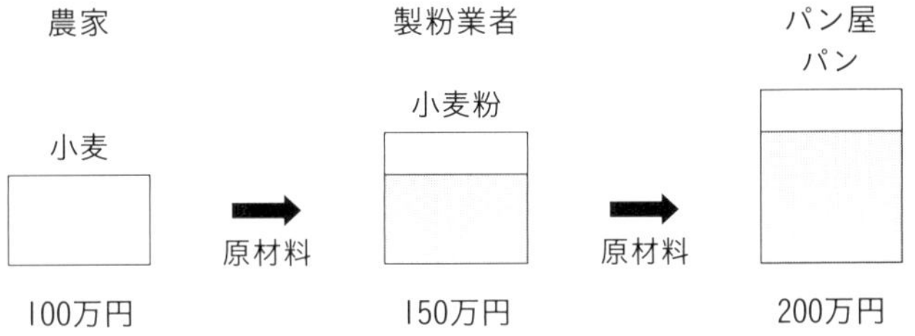

「国内」というのは、その国の国民によってであれ、その国に住んでいる外国人によってであれ、とにかく「その国内で生み出された」という意味です。日本でいえば、モンゴル出身の横綱である白鵬関の給料は、日本の GDP になりますし、アメリカ大リーグで活躍する日本人ダルビッシュ選手の年俸は、アメリカの GDP に含まれます。アメリカにある、日本人経営の寿司屋の売上は、アメリカの GDP になりますし、日本にあるアメリカ資本のドーナツ店の売上は、日本の GDP になります。

一方、GNP は国民総生産（Gross National Product）の略です。これは、生産される場所が国内であれ、外国であれ、その国の国民（居住者）が生み出した価値の合計を示すものです[1]。

日本の船舶会社に外国人船員が勤めている場合、彼らの所得は、外国のGNPにカウントされます。

では、GDPとGNPの違いとは何なのでしょうか。

GDPと、GNPの関係は、次のように示されます。

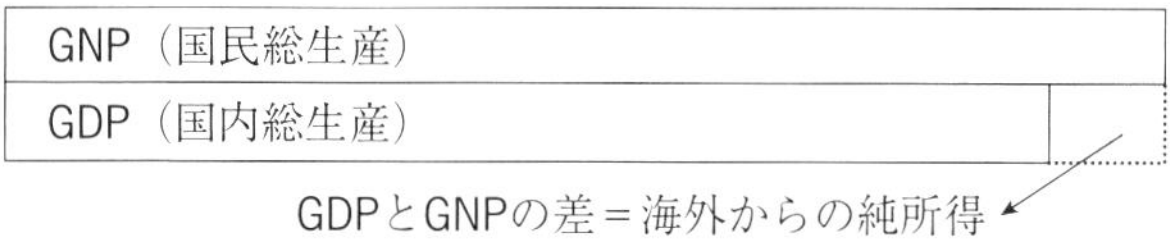

GNPとGDPの差は「海外からの純所得」です。これは「海外から送金される所得－海外へ送金される所得」のことです。たとえば、次のようになります。

海外から送金される所得

- アメリカにある日本の子会社の収入
- アメリカの債権からの利回り所得
- 中東で働く商社マンの所得

海外へ送金される所得

- 外国が持つ日本の会社の株式の配当金
- 外国が持つ日本の国債からの利回り所得
- 東京の外資系銀行で働くイギリス人の所得

このように、GNPは所得の総計なので、現在ではGNI＝国民総所得（Gross National Income）といういい方をします。もちろん、GNP＝GNIです。

上の表で、左側の方が大きければ、黒字になりますし、右側の方が大きければ、赤字になります。日本の場合、左側の方が大きく、その結果、純所得は黒字[2]になっています。つまり、GNI（GNP）＞GDPとなって

1　国民経済計算における「居住者」の定義は複雑ですが、やや簡略化して説明すると、「その領域（たとえば日本）を経済活動の中心とし、一定期間（原則１年）以上にわたって相当規模で経済活動または取引に従事しているか、あるいは従事しようとする者」となります。イチロー選手は、アメリカの居住者です。

います。

内閣府

単位：10億円	2009年	2010年	2011年
GNI(GNP)	484,216.4	495,358.7	485,307.8
GDP	471,138.7	482,384.4	470,623.2
純所得(黒字)	13,077.7	12,974.3	14,684.5

GDPの計算には、「主婦の家事労働」や、「ボランティア活動」は入りません。これらは、労働市場を通さない、すなわち、労働力を売ったり買ったりということをしないので、市場価格がつかないのです。一方、「主婦の家事労働」と内容はまったく同じでも、ハウス・クリーニングを頼んだり、ベビーシッターを雇ったりすると、それらにかかった費用は、GDPに含まれることになります。値段がつけられていて市場取引の対象になるからです。

そのほか、土地や、株や、中古品の売買もGDPに含めません。GDPは、その年に生まれた、新しい付加価値の合計です。中古品の売買（マンション・車など）は、所有者が変わっただけなので、新たな付加価値ではないのです。新築時や、新車で売れた段階で、その年のGDPに含まれてしまっているのです。ただし、証券会社や、不動産会社、中古車販売店の手数料収入は、当然、GDPに含まれます。

しかし、GDPの計算には、一見市場取引の対象になっていなくても、帰属計算といって、GDPに含めて計算されるものもあります。

農家の自家消費

農家の人が、自分で作った作物を、市場を通さずに自分の家で消費した場合です。これらの作物を作るのにも、原材料費、肥料代、燃料費な

2　この純所得ですが、毎年増えています。この点は、すごく大事なことなので、あとで確認していきます。その中味ですが、外国債券の利子収入が7割、直接投資の収益が2割、外国株式の配当金が1割です。給与所得は、大勢にはほとんど影響ありません。

どがかかっているので、自家消費分を GDP から除いてしまうと、正確な経済規模がわからなくなってしまうからです。

帰属家賃（持ち家サービス）

自宅を持っている人は、日頃から自宅に家賃を払っているものと考えます（賃借しているようにみなす）。たとえば、札幌に住む A さんと、東京に住む B さんがそれぞれ持ち家に住んでいます。お互いに転勤になって、A さんは B さんに、B さんは A さんに、10万円で自分の家を賃貸するとします。そうすると、新しい付加価値を生んでいないのに、いきなり GDP が20万円も増えてしまいます。これではおかしなことになります。ですから「自宅から住宅サービスを受けている」とみなして常に「家賃」を計上し、このような弊害をなくすのです。

また GDP は、国連の定めた基準（SNA）に則って作成され、国際比較が容易にできるようになっています。伝統的に家を借りるのが一般的な国では家賃の支払いが GDP を引き上げ、逆に持ち家の多い国では家賃の支払いが少ない分 GDP が少なくカウントされることになります。このような計算のゆがみをなくすために、帰属計算されているのです。

公共サービス

警察、消防、教育、司法などの公共サービスも帰属計算に含まれます。これらの公共サービスには市場価格が存在しません。そこで政府がこれらのサービスを生産し、その大部分を自ら消費することにして、GDP の計算に含めます。世界各国で例外なく大規模な雇用と施設を政府が提供しているので、サービスを供給する「生産主体」とみなすのです。

金融機関の生産

金融機関の利子や配当の受け取りは、何かを「生産」しているわけではありませんが、これらを除くと金融業としての金融機関の実態を示せなくなります。そこで、送金などにかかる手数料と同じように、金融機関の利ざや（もうけ）である利子を帰属計算し、GDPに加えるのです。

2．名目GDPと実質GDP

『政治・経済資料2010』とうほう　p204

名目GDP：物価上昇率を考慮しないGDP値

実質GDP：GDPデフレーター（物価指数）によって修正されたGDP値

実質GDP＝名目GDP／GDPデフレーター×100

TRY〔練習問題〕

日本の2009年の名目GDPは471兆円、実質GDPは519兆円、2010年の名目GDPは479兆円であった。①この1年間の名目経済成長率を求めよ。②2010年のGDPデフレーターは88.8（2000年＝100）であるとして、実質経済成長率を求めよ。答えはいずれも少数第二位を四捨五入する。

①　(479－471)／471×100＝1.7%

②　2010年実質GDP＝(479／88.8)×100＝539.4

実質経済成長率＝(539.4－519)／519×100＝3.9%

ある国の前年のGDPが500兆円だったとします。翌年、パンの生産もクルマの生産も飲食店の生産もみな増加し、GDPが550兆円になったとします。

ところが、物価も同じように10%高くなっていたらどうでしょうか。

パンもクルマも外食にかかる費用も10%ずつ値上がりすると、せっかく増えたGDPでも、買うことのできるものの個数や回数はまったく変わらないことになります。国民の生活は豊かになってはいません。

このような、物価の影響を加味したGDPを「実質GDP」といいます[3]。一方、GDPの素の値を「名目GDP」といいます。名目GDPが1000円から1100円になっていても、実質的な成長は「ゼロ」です。

近年の日本では「デフレ」（物価が下がっている）なので、名目GDP値が、実質GDP値を、下回っています。経済成長期、特に高度成長期の場合は、実質値＜名目値になります。

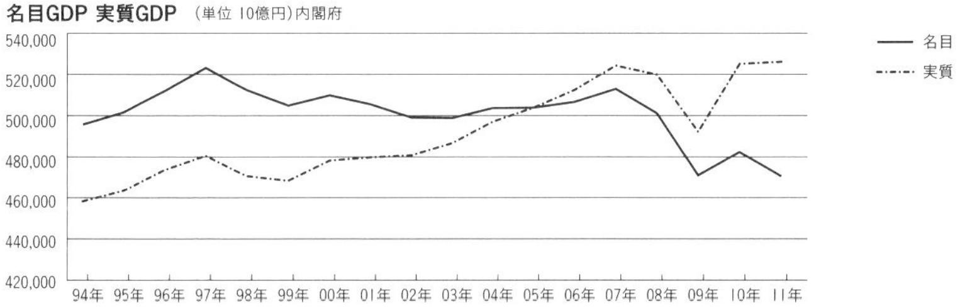

名目GDP 実質GDP　（単位 10億円）内閣府

「名目GDPが伸びない＝給与所得の数値、額面が伸びない」ということです。一方、「実質GDPが伸びている＝実際の生活が豊かになっている」ということです。名目GDPが伸びていなくても、デフレにより価格が下落すれば、同じ１万円で消費できる財・サービスの量が増えるので、実質所得は上がっていると考えられます。

3　1958年発売の軽自動車「スバル360」の価格は42万5000円です。今の軽自動車は100万円ほどですから、５分の２程度です（名目値）。ですが当時の大卒初任給は１万3000円程度で、その価格は、月収の33倍相当分です。現在の大卒初任給20万2000円（2011年度）で考えると、今の価格で664万円相当になります（実質値）。クルマは「高嶺の花」だったのです。

3．GDP は所得総額

なぜ、GDP が大事なのでしょうか。実は、こだわるのには理由があります。それは、「GDP は、われわれの所得の総額（単純化していえば、給料の総額）」だからです。

みなさんは、これからの日本は少子高齢化で人口が減るので、おそらく GDP も今後減るだろう、日本全体の GDP が減るなら自分の給料（アルバイト代）が減ってもかまわない、と自信を持っていえるでしょうか？　たぶん、簡単にはいえないと思います。「GDP あるいは、1 人あたり GDP が減る」ということは、「われわれの給料」が減るということです。

「GDP が増えない（成長率 0 %）」ということは、「日本人の所得が、全体では増えない」ということです。そうなると、決まった GDP の範囲内で、「誰かの所得が増えれば、誰かの所得が減る」という、限られたパイの奪い合いという弱肉強食の競争を続けていくことになります。

高度経済成長時代に、「所得倍増計画」というのがありました。実際に日本人の所得は、倍増、3 倍増になり、世界第 2 位の経済大国になりました。今では海外旅行に行くことも、パソコンや携帯電話を買うこともできます。道路舗装率や、上下水道普及率も、昭和40年代とは比較になりません。やはり豊かになったのは間違いありません。

N・グレゴリー・マンキュー『マンキュー経済学Ⅱマクロ編（第 2 版）』東洋経済新報社（2005）p182

世界の国々を旅してまわると、生活水準に驚くほどの差があることがわかるだろう。アメリカ、日本、ドイツのような豊かな国の人

> は、インド、インドネシア、ナイジェリアのような貧しい国の人の平均で10倍以上の所得を得ている。……豊かな国々は貧しい国々よりも……良質な栄養、安全な住居、高度な医療、そして長い平均寿命を得ている。

「生産が増える」＝「所得（給料）が増える」＝「使うカネが増える」ということなのです。このことを示すのが、「GDPの三面等価」です。

三面等価とは、GDPは①生産、②分配、③支出の、どの面から見ても同じであり、①生産＝②分配＝③支出になるということです。

ラーメン店を考えてみましょう。ラーメン店の1カ月の売上が、100万円だったとします。麺や具などの原料費（中間生産物）が30万円だったとすると、このラーメン店の総生産（①生産）は70万円になります。

ラーメン店は、その中から、アルバイト代や、お店の家賃、銀行にお金を借りているなら利息、税金、そのほかを払い、残った額がラーメン店にたまります。これらの総額を②分配といいます。ここでは70万円になります。

一方、ラーメン店の1カ月のもうけは、お客さんが払ってくれた額です。これを③支出面から見たGDPといいます。お客さんが払った額は70万円です。お客さんは、実際にはお店に100万円払っていますが、そのうちの30万円はラーメン店を通じて原材料費などに支払われたとみなし、ラーメン店自体には70万円支払われたことになります。

このように、GDP70万円は、①生産、②分配、③支出の、どの面から見ても同じになります。ですので、

GDP（国内総生産）＝GDI（国内総所得）＝GDE（国内総支出）

GDIとGDEはそれぞれ、Gross Domestic Income、Gross Domestic Expenditureの略

ということになります。
「GDPの三面等価」が成り立つと同様に「GNPの三面等価」も成り立ちます。「GNPは所得の総計なので、現在では、GNI＝国民総所得という言い方をします」と前に説明したのは、これをふまえてのことです。

GDPの三面等価の原則から、「GDP＝GDI」ですから、「GDPが減る」ということは、「われわれの給料」が減るということです。日本は、これから総人口が減ります。GDPは微増か、減少、いずれにしても新興国のような伸びは期待できません。ですので、大切なのは、GDPを全人口数で割った、「1人あたりGDP」です。人口が減ってGDPが減ったとしても、1人あたりのGDPが今のままであれば、われわれの所得も今のままを維持できることになります。

4. ISバランス

では、この三面等価の性質を用いて、経済の本質を解明していきましょう。ここが、高校科目と経済学の分岐点です。

まず、①生産をYで示します。これは、「Yield（産出する）」の頭文字です。

GDP	＝①生産	＝ Y
	＝②分配（所得）	
	＝③支出（購入）	

次に、②分配です。私たちはもらった給料をどうしているでしょうか。これには3つの使い道しかありません。「使うか、貯めるか、税金を払

う（各種公的保険含む）か」です。高校生がアルバイト代を１万円もらいます。6000円で服を買います。消費税は５％なので、300円です。残り3700円は、預金します。ものすごく単純な例ですが、これですべてです。お父さんが給料をもらっても、「家族の生活のために使うか、税金を払うか、貯めるか」です。

ここで「貯める」という言葉は、使わなかったお金すべてを示します。それは、財布の中にあろうと、銀行預金になろうと、誰かに貸そうと、要するに、「使わなかったお金全部」のことを言います。

会社でも同じです。「モノを作るために、原材料を買う（飲食店のようなサービス業なら、食材を購入したり、従業員の服をそろえたりする）か、法人税や消費税などの税を払うか、内部留保[4]か」です。

分配（所得）が、会社に回っても、個人に回っても、あるいは宮崎県のような地方自治体に回っても、すべて同じ結果になります。「使うか、貯めるか、税金か」です。言い換えれば、「消費・貯蓄・税金」です。

消費を英語の Consumption の頭文字 C、貯蓄を Saving の S、税金（公的保険含む）を Tax の T であらわします。すると、②分配は「C ＋ S ＋ T」という式になります。

①生産＝Y
②分配＝C ＋ S ＋ T
③支出＝

次に、③支出（購入）です。ここでちょっと補足します。国の経済全

4　内部留保とは、企業の利益から、税金や株の配当金、役員賞与などの社外流出分を差し引いた残りで、簡単に言えば企業のもうけのたくわえのことです。貸借対照表の純資産の部に計上されます。しかし、この内部留保は設備の拡充や技術開発に投資されるお金であり、すでにさまざまな資産（土地、機械、建物）として形を変えて企業内に存在しているものです。内部留保はそのすべてを自由に使える現金とは限らないのです。

体で見た供給と需要を、総供給・総需要といいます。売った総額は、買った総額でした。総生産が総供給（売り手）になり、総支出が総需要（買い手）になります。要するに三面等価と同じことです。

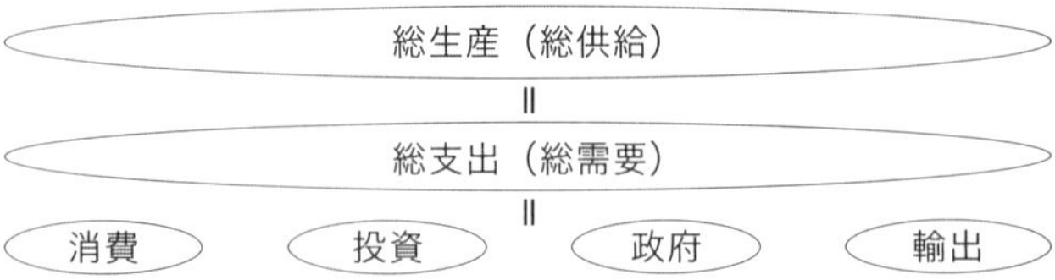

では、総供給＝総需要を示した上図をもとに、③支出（購入）面を見ていきましょう。

まず、総供給（売り手）には、2種類しかありません。それは、「日本で生産されたモノ・サービス」と、「外国で生産されたモノ・サービス」です。

私がいまこの原稿を書いているときに使用しているのは、パソコンです。東芝製ですので、日本で生産されたモノです。一方、ワープロソフトは、Microsoft の Word を使用しています。これは、「外国で生産されたソフト（モノ・サービス）」です。飲んでいるお茶は日本産ですが、コーヒーは外国産です。このように、総供給（売り手）は「日本産」か、「外国産」かの、どちらかになります。このうち、「日本で生産されたモノ・サービス」は GDP ＝ Y です。また、「外国で生産されたモノ・サービス」は「輸入」です。英語では、Import なので、IM で示します。

総供給＝国内総生産＋輸入＝ Y ＋ IM　——式 a

次に総需要（買い手）です。日本国内の買い手は、家計・企業・政府の三者でした。この三者が、「消費」・「投資」をします。

家計とは、個人、消費者のことです。つまり、われわれ一人ひとりのことで、主に「消費」の主役です（ただし、住宅建設は、自分で住むためでも賃貸のためでも、ともに「消費」の項目ではなく「投資」に含まれます）。

企業は消費もしますが、主に「投資」の主体です。工場・機械・店舗・クルマなどの「設備投資」、品切れを防ぐための「在庫投資」などがあります。

政府は、橋や道路や、港湾を建設する「投資」を行うほか、モノ・サービスを購入する「消費」も行います。

三者の行動は、「消費（家計が主）」・「投資（企業が主）」・「政府（による投資と消費）」にまとめられます。消費を英語のConsumptionの頭文字C、投資をInvestmentのI、政府をGovernmentのGであらわします。すると、総需要（買い手）は「C＋I＋G」という式になります。

以上に加えて、海外の人々がいます。「日本で生産されたモノ・サービス」は外国の人も購入します。クルマや、家庭電化製品は、海外のお客さんも購入しますね。これは「輸出」にあたります。英語では、Exportなので、EXで示します。総需要（買い手）は「C＋I＋G」と「EX」がそのすべてです。

総需要＝消費＋投資＋政府[5]＋輸出＝C＋I＋G＋EX ——式b

以上で、総供給と総需要の中味がわかりました。総供給＝総需要ですから、式a＝式bになります。

Y＋IM＝C＋I＋G＋EX

5　政府というのは、国と地方公共団体のことです。このあと出てくる財政赤字は、国＋地方公共団体の総額です。税だけではなく、各種保険料の収入・支出も含めています。

ここで、IMを右辺に移項すると、

Y	=	C	+	I	+	G	+	(EX−IM)
総生産		消費		投資		政府		輸出−輸入

となります。日本の国内総生産に対する支出は、外国からの輸入を差し引いた分になります。これが国内総支出です。

①生産＝Y
②分配＝C＋S＋T
③支出＝C＋I＋G＋(EX−IM)

このように、三面等価のすべての式が出そろいました。ここから、次の式が成り立つことがわかります。

(1) Y＝(2) C＋S＋T＝(3) C＋I＋G＋(EX−IM)

↓

C＋S＋T＝C＋I＋G＋(EX−IM)

両辺のCを消して、IとTを移項すると、マクロ経済学上、大変大事な式になります。それが、ISバランス式（貯蓄・投資バランス式）です。

ISバランス式 (S−I)＝(G−T)＋(EX−IM)

この式を用いて、このあとはさまざまな経済の通説や主張が正しいのかどうか検証していきます。

5．ISバランスからいえること

(1)　国の借金

日本の借金が「1000兆円を超えた」「もはや財政維持は困難で、日本は破綻する」などの声を聞くことがあります。この借金とは何なのか、実像に迫ってみたいと思います。

まずは、現状を把握するためにGDPの三面等価図に実際の数字を当てはめてみましょう。

2010年名目GDP　　単位10億円（内閣府）

<table>
<tr><td>総生産
GDP</td><td colspan="5">生産（Y）482,384</td></tr>
<tr><td>総所得
GDI</td><td>消費（C）285,867</td><td>税金（T）
84,360</td><td colspan="3">貯蓄（S）112,157</td></tr>
<tr><td>総支出
GDE</td><td>消費（C）285,867</td><td>政府（G）
117,302</td><td>G−T
32,942</td><td>投資（I）
73,451</td><td></td></tr>
</table>

輸出−輸入（EX−IM）5,763

この三面等価図において、G−Tが約33兆円となっていることについて補足します。G−Tは政府（国）の借金であり、ここには「建設国債」と「特例国債（赤字国債）」が含まれます。

建設国債は、公共事業などの社会的資本の財源をまかなうために財政法4条に基づいて発行されます。公共事業というのは、国道や、国で管理する河川、ダム、港湾、空港の建設などです。これらは、借金といえば借金なのですが、将来世代にも恩恵をもたらす借金です。羽田空港のように滑走路が増設されると、乗り入れる航空会社も便数も多くなり、結果としてモノやヒトの行き来が増大し、GDP増につながります。

国債が、60年償還ルールとなっているのは、これらのインフラが、60年間3世代によって使用できるという考え方に基づくものです。つまり、現在世代で建設しても、恩恵は将来世代も受けるので、その負担は、将来世代にも担ってもらおうということになります。

一方、特例国債（赤字国債）は、オリンピック景気の反動不況（1965年）による税収の大幅な落ち込みをカバーするために、1966年に発行が初めて認められました（オイル・ショック後の1975年から恒常化）。人件費など、経常的経費にあてられます。そのつど、「特例法」の制定が必要なので、特例国債といいます。特例（赤字）国債は公務員の人件費などに消えてしまいます。

国債残高 内訳 （単位 億円）財務省

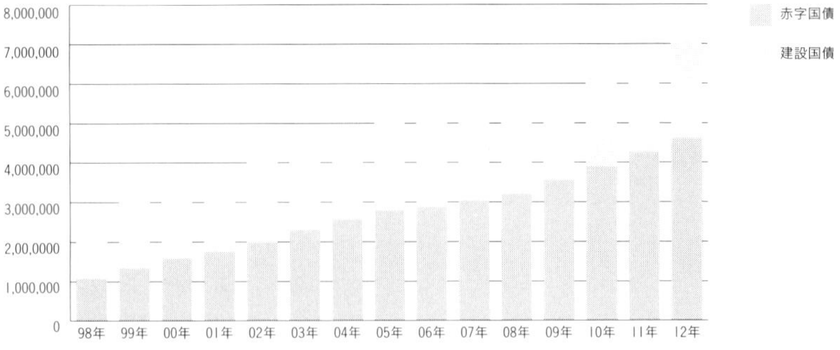

次のグラフのように2010年度は赤字国債だけなら36.7兆円ですが、一般に「国の借金」という場合は、建設国債も赤字国債も含めますので、その額は約44兆円にものぼります。

ただし政府は、この国債で調達した資金のうち、建設国債を中心に10兆円分あまりを、道路・上下水道・公共施設などの社会資本への投資（Iに含まれる）に回しています。ですので、必ずしもG－Tは国債発行額と同額にはなりませんが、本書では説明をわかりやすくするためG－T＝国の借金（国債）と表現しています。

公債（普通国債）発行額（単位 兆円）財務省

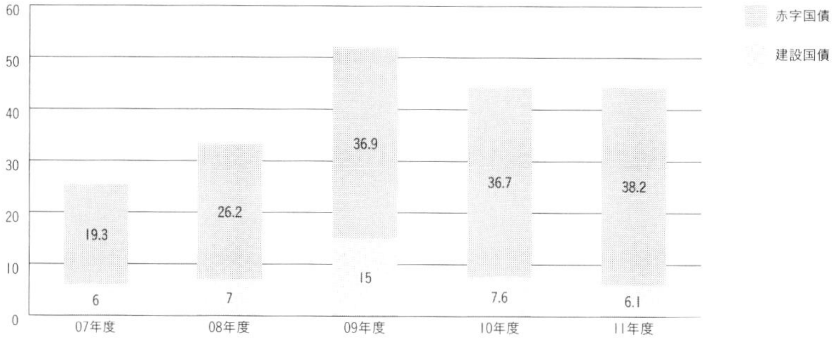

それではISバランス式に戻りましょう。以下のようなものでした。

$$(S-I) = (G-T) + (EX-IM)$$

S：貯蓄　I：投資

G：政府　T：税金　EX：輸出　IM：輸入

この式のIを移項すると、次の式が導かれます。

$$S = I + (G-T) + (EX-IM)$$

この式は同時に二つのことを意味します。

①貸した総額＝借りた総額

②生産の残り相当分＝消費した人

まず、「①貸した総額＝借りた総額」の意味を考えてみましょう。つまり、お金の貸し借りから見るわけです。

2010年

S	=	I	G－T	EX－IM
民間貯蓄		企業が借りた（投資）	政府が借りた（公債）	外国が借りた
約112兆円		約73兆円	約33兆円	約5.8兆円

左辺のSは貯蓄でしたが、これは貸し出されたお金の総額をも意味します。つまり、私たち国民の一人ひとり、民間企業の1社1社が貯蓄したお金が、貸し出されているということです。つまり、貸し出しているのは民間の人です。

右辺のI、G－T、EX－IMは、そのお金を借りた人になります。Iは民間です。G－Tは政府です。EX－IMは海外の人です。この三者が、お金を借りた人です。

Iは、企業が主役の投資です。その方法の一つは、銀行からお金を借りることです。または、株式を発行し、社債を発行して、それらを購入してもらうという方法があります。そのように調達したお金を、工場・機械・店舗・車・広告などに投資し、財やサービスを生み出します。

そのほかに、個人が借りる場合も、ここに含まれます。住宅ローンを組んだりするのは、その典型ですね。このように、Iは、民間の人がお金を借りる場合を示します[6]。

G－Tは政府の財政収支です。Gは政府が使ったお金、そして、Tは税金です。使ったお金の方が、入ってきた税金より多い場合、「財政赤字」といいます。政府は、入ってくる以上のお金を使うときには、借金をしなければなりません。つまり、「公債（国債・地方債）」を発行して、お金を借ります。財政黒字の場合はG－Tはマイナスの値になります。

EX－IM部分を借りているのは海外の人です。海外にも、日本と同じ

6　Iには、在庫投資も含みます。

く、個人、政府、企業という借り手がおり、特に中心は政府と企業です。政府が借りる場合は、やはり国債を発行します。企業が借りる場合は、やはり、日本と同じように、銀行から借りる、株式・社債を発行するという方法があります。EX－IMは、日本の企業や個人や政府が外国債や株式・社債を購入したり、海外に預金したり、直接投資（海外に工場を建てるなど）した額を示します。海外から見ると日本に貸してもらったことを示します。EX－IMがマイナスになる場合は、日本が借りていることになります。

次に「②生産の残り相当分＝消費した人」という視点で見てみましょう。これは誰が商品を購入したかです。生産した財やサービスは誰かによって消費されています。

2010年

S	＝	I	G－T	EX－IM
民間が消費しなかった総生産の残り相当		企業	政府	外国
約112兆円		約73兆円	約33兆円	約5.8兆円

家計が貯蓄をすると、その分を誰かが消費（支出）しなければ、売れ残りになります。その分は、企業が投資・消費し、政府が投資・消費し、外国が消費します。公債の発行は、政府が民間にかわって消費することを示し、貿易黒字は日本国内で消費されなかった生産財・サービスを外国が消費（購入）したことを示します。

さて、①貸した（総額）＝借りた（総額）、②生産の残り相当分＝消費した人（主体）から、次のことが言えます。まず公債は「政府の借金」ですが、私たち貸し手から見れば「国民の財産」だということです。

国債＝政府の借金＝国民の財産

政府は、入ってくる以上のお金を使うときには、借金をしなければなりません。つまり、「国債」を発行して、お金を借ります。貸してくれるお金は、S（民間貯蓄）から出ることになります。逆に言えば、貯蓄をした国民の一人ひとり、企業の1社1社は、政府に対する債権（公債）を買っていることになります。

もちろん現実には、国債を買っている個人はまだまだ少ないのですが（次頁の真ん中のグラフ参照のこと）、国民が預金した銀行、生命保険会社、郵便貯金会社などが、国債を購入しているのです。つまり、われわれの預貯金・保険（1510兆円）が、政府の国債の購入にあてられていることになります。

国債保有者の90.9％は、日本国内の日本国民です[7]。日本の国債発行残高は、709兆円（2012年末）です。

国債は「国の借金」と言われますが、厳密には「政府の借金」であり、貸しているのは、われわれ国民です。

財務省は（以下、財務省『日本の財政関係資料　平成23年度予算補足資料』）、この状況を月収40万円の家計にたとえ、「1月あたり37万円の借金をして、ローン残高は6661万円」、「国民1人あたりにすると約500万円、4人家族では約2000万円の借金」と説明します。

7　次ページの円グラフは、「国庫短期証券」＋「国債・財融債」948兆円の割合です。「国債」だけではありません。

家計金融資産　(単位 兆円)日銀 2012年第3四半期速報

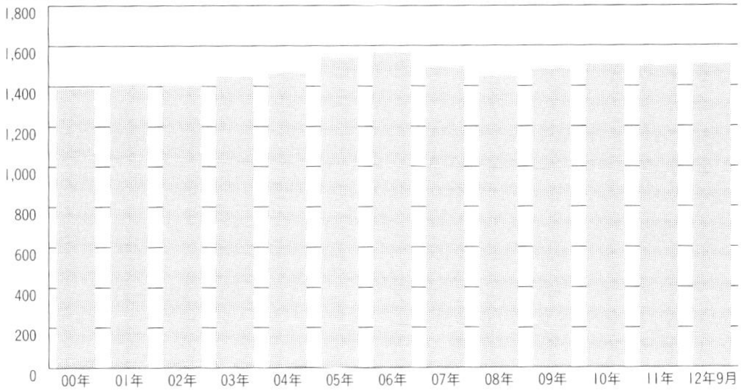

↓

家計金融資産構成比率　(単位 %)日銀2012年第3四半期速報

↓

国債等の保有者内訳　(単位 %)日銀2012年第3四半期速報

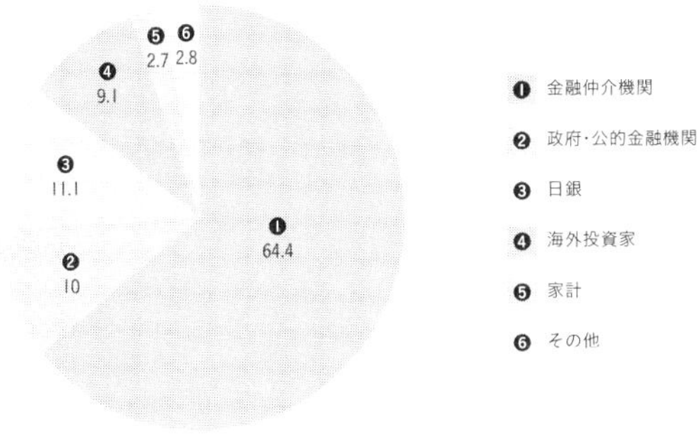

しかし、正確に説明するならば、（外国の人や政府が保有している日本国債の9.1％を除いたうえで）「国民１人あたり約454.5万円の財産を持っていることになります」と加えなくてはなりません。
「将来世代に大きな負担を残すことになります」は、「将来世代に大きな財産を残しています」と同じ意味になります。

この「国債＝政府の借金＝国民の財産」を、日本全体の金融負債・金融資産から見てみましょう。金融負債というのは借りているお金、金融資産というのは貸しているお金です。金融負債と金融資産は同額になります。

日本全体の金融負債・資産は、約5700兆円です。よくいわれる、「家計の金融資産が1500兆円」というのは、このうちの、家計部門を指しています。一方、政府の負債（国債・地方債・その他借入金含む）は、1133兆円です。

金融資産・負債 5700兆円の内訳 （単位 兆円）2012年9月現在 日銀速報

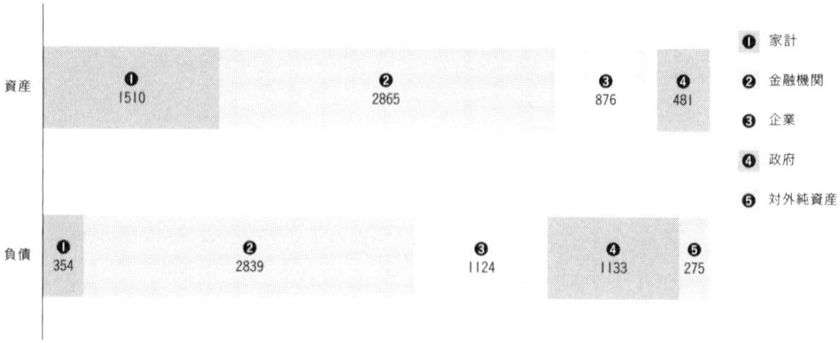

企業の負債とは、「社債・株式」のことです。家計が、「株式投資や、社債を購入」すると、家計の資産が増え、企業の負債が増えます。「金融資産＝金融負債」「誰かの借金は、誰かが貸したもの」ですから、政府の借金が増えれば増えるほど、国民の財産も増えます。政府の借金は、日本の「家計・企業」が貸しているのです。

ちなみに、政府の「資産481兆円」にも、政府が持つ国債・短期証券などが100兆円ほど含まれています。預かった年金保険料を、「社会保障基金」という政府部門で運用するからです。ウソみたいな話ですが、政府の負債の一部は政府の資産でもあるのです！

ですから、債務残高のGDP比について、「急速に悪化しており、最悪の水準になっています」「世界最高になって危機的状況だ」などとも言われますが、国民の資産から見ても、「最高の水準になっています」という意味になります。

債務残高の国際比較（対GDP比） （単位 %）財務省

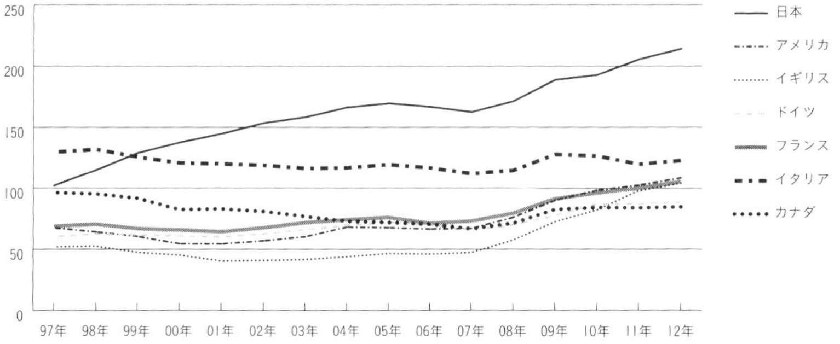

さらに、「国債発行は、孫の世代に借金を背負わせる」とも言われます。現在の国民が、借金をして、それを返済するのは、将来世代ということになるからです。しかし、借金（元金）を返してもらう、あるいは、利息を受け取る世代も、やはり孫の世代、将来世代なのです。

また、企業が投資を行うとき、そのための資金調達の方法の一つは、銀行からお金を借りることです。または、株式を発行し、社債を発行して、それらを購入してもらうという方法もあります。そのように調達したお金を、工場・機械・店舗・クルマ・広告などに投資し、財やサービスを生み出します。このように、われわれの貯蓄（S）は、企業の借入金・資本金に回っています。

日本の財政を、企業の貸借対照表（バランスシート）と同じように考えてみます。

2008年９月末現在（日本経済新聞2009年４月14日）

資　　産	558兆円	**①負債**	342兆円
		②純資産	216兆円
資産合計	558兆円	**負債・純資産合計**	558兆円

企業のバランスシートでは②部分に資本金が含まれます。いわゆる株式です。①部分は、銀行や、ほかの会社、国民から借りた負債です。社債や、借入金です。

簡単にいえば、大企業の借金は、資産の61％に上ります。しかしこれを、「借金経営」と非難する人はいません。出資（株式投資）し、貸出（社債や借入金）しているのは、われわれ一人ひとりの国民（剰余金のある企業も含む）だからです。

これらの貸出金・出資金（株式）は、預金・社債の利子や、株式の配当として、われわれの収入になります。

国債購入と、企業への貸出金・出資金（株式）提供の本質は、同じであることがわかります。国（政府・地方自治体）は日本で一番巨大な企業なのです。社債が企業にとっては借金、国民にとっては財産[8]であるのと同様に、「国債は、政府にとっては借金、国民にとっては財産」なのです。

8　企業から見ると、株式は国民の出資金ですから、企業が返さなくてもよい金です。国民は配当や、株式転売による利益を得ます。金利収入よりもはるかに大きい利益を得る可能性がありますが、会社がつぶれたら、ただの紙切れになるというリスクもあります。

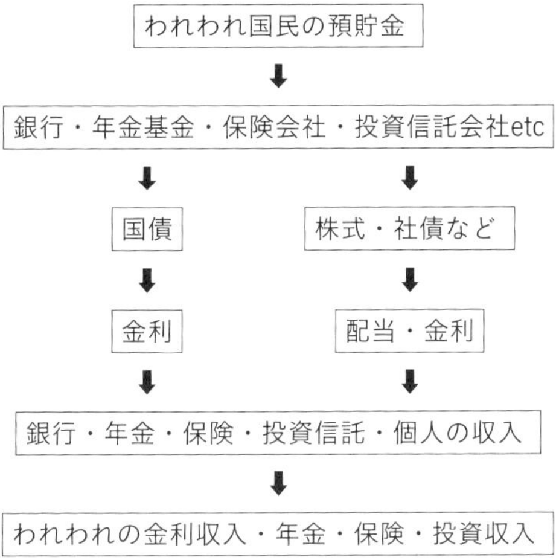

(2)　貿易黒字

「日本貿易赤字国に転落」今井純子、NHK解説委員室「時論公論」2012年1月25日

日本は、去年、31年ぶりの貿易赤字に転落しました。輸出で稼いで、必要なエネルギーや資源を輸入する、というこれまでの成長モデルが転換点にきたことが示された形です。日本は、これから、どうやって「稼ぐ力」を取り戻すのか、重い宿題を背負うことになります。……豊かな生活を守るためにも、貿易赤字に転落した事態を重く受け止め、政府も企業も対応を急いでほしいと思います。

なんだか「赤字に転落した」と聞くと、豊かな生活を守れなくなってしまいそうです。ここからは貿易黒字・貿易赤字について、その本質に迫っていきます。

①貸した総額＝借りた総額、②生産の残り相当分＝消費した人、という二つの式から、貿易黒字について考えてみましょう。

もう一度、前に出てきた三面等価図を見てみましょう。

2010年名目 GDP 単位10億円(内閣府)

総生産 GDP	生産(Y) 482,384				
総所得 GDI	消費(C) 285,867	税金(T) 84,360	貯蓄(S) 112,157		
総支出 GDE	消費(C) 285,867	政府(G) 117,302	G−T 32,942	投資(I) 73,451	

輸出−輸入(EX−IM) 5,763（表の右下の欄）

輸出−輸入（EX−IM）が貿易収支[9]で、これがプラスの値になっているとき、これを貿易黒字といいます。これは日本が海外へ貸し出している資金（外国の日本に対する借金）ということになります。

貿易黒字額＝外国への資金の貸出額

まず、貿易黒字になっているということは、日本国内で消費されなかった生産財・サービスを外国が消費（購入）しているということです。カネの面から見ると、外国は日本に外国債や株式・社債を購入してもらったり、直接投資（海外に工場を建てるなど）を受けたりしているということになります。日本から見ると海外にカネを貸しているということを意味するのです。

9　GDPでは、EX−IMは貿易収支になりますが、GNI（GNP）の場合は、これに純所得（国際収支表の所得収支に近似）が加算されます

対外純資産　（単位 10億円）財務省

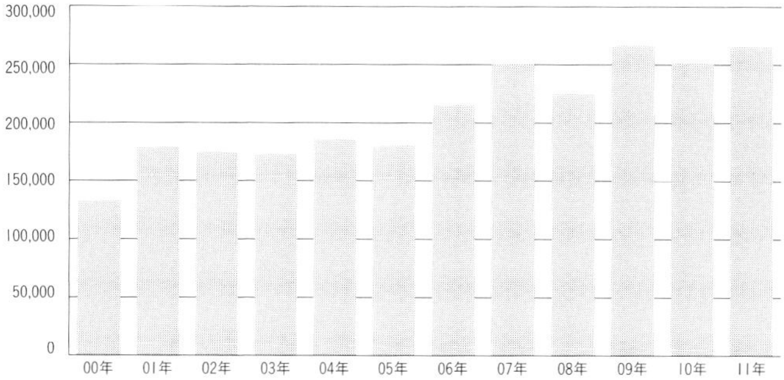

ということは、日本が貿易黒字を出せば出すほど、日本の海外での財産が増えることになります。そして、上のグラフのように実際にその通りになっています。

貿易黒字を含む経常黒字によって、日本は外国債や外国株式、外国社債を買ったり、海外に預金したりしています。このお金の貸し出し（対外資産）[10]の残高は約581兆5090億円（2011年末）で、世界一となっています。

対外資産・負債残高　（単位 10億円）財務省

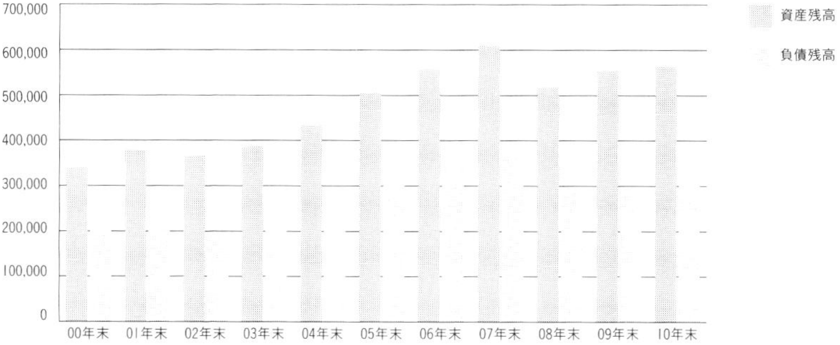

10　データは財務省の統計（HP参照）から。グラフ中の「対外負債」とは、外国が日本国内に持つ資産（株や債券、土地建物や円など）のことです。

対外資産から外国が日本国内に持つ資産を引いた純資産は、2011年末現在、253兆100億円に上ります。やはり、世界一の対外債権国です[11]。

2010年にはこれらの対外資産は、株の配当や債券の利子によって1年間に11.6兆円の黒字を生み出しています（これを「所得収支」といいます）。この所得収支は、近年、貿易黒字額を上回るようになりました。「日本が投資立国に移りつつある」というのは、このことを示しています[12]。

各国の対外純資産　　財務省（2009～10年）

日　本	251兆4950億円
中　国	167兆7287億円
ドイツ	114兆1720億円
スイス	64兆4570億円
香　港	56兆5104億円
ロシア	10兆8985億円
カナダ	▲21兆4352億円
英　国	▲24兆5499億円
イタリア	▲28兆8526億円
フランス	▲29兆845億円
アメリカ	▲252兆419億円

以前に、GNPとGDPの差は海外からの純所得であると説明しました。この純所得には所得収支が含まれています。

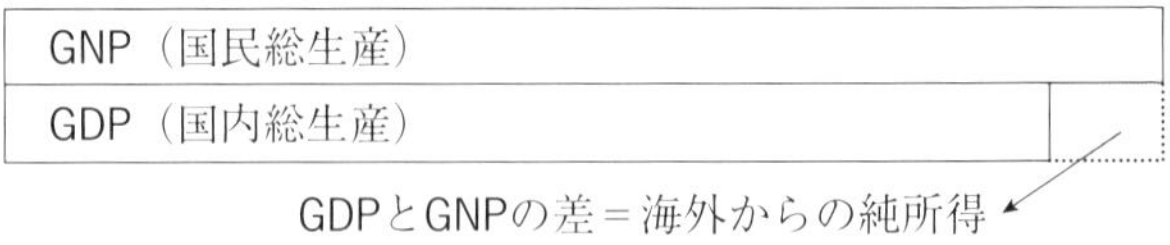

純所得は、順調に増え続けてきました[13]。日本の経常黒字（貿易黒字）分が、確実に増え続けてきたからです。

11　この対外資産額が、日本国のバランスシートで、「対外純資産」になります。

12　p56の国際収支表の所得収支の項目参照。

13　国際収支統計の「所得収支」とSNA（国民経済計算）の「純所得」では、「特許使用料」や「金融派生商品」、「在日米軍の日本人給与」の扱い方に違いがあるので、厳密には一致しません。

よく「貿易黒字はどこへいったのか」などという問いが発せられますが、その答えは「海外の資産になった」です。このことは「日本人の生活そのものが豊かになることを、必ずしも意味しない[14]」のです。貿易黒字額＝資本収支赤字額なので、必ず、海外に投資された額（外貨準備額含む）に等しくなります。日本国内には、流通しないのです[15]。「貿易黒字は、海外への資本の貸し出し＝外国資産の積み上げ」なのです。

伊藤元重編著『貿易黒字の誤解』東洋経済新報社（1994）

p27　黒字はどこにいったのかといえば、「海外への資産の蓄積になった」という答えになる。

p89　「日本は多くの産業において強い競争力を持っており国際経済で一人勝ちしているから、日本の貿易収支や経常収支は黒字である」というのがいかにばかげた議論であるか……わかることだろう。

「大機小機『２つの赤字』をどうみるか」日本経済新聞2011年７月13日

貿易収支や経常収支そのものはそれほど重要な政策目標ではないし、黒字が大きい方が望ましいというわけでもない。

このように、「貿易黒字・赤字」とは「お金の貸し借り」の額にすぎません。ですから、「貿易黒字・貿易赤字が悪い」ということは、「お金の貸し借りは悪い」と言っているのと同じです。

「貿易赤字は悪いこと」「貿易黒字はもうけだ」ではないのです。「貿易（モノ・サービス）」の裏には必ず、資本取引があります。というより、「資本取引（お金の貸し借り）＝貯蓄超過・不足」があると、必ず「財の取引＝貿易黒字・貿易赤字」が発生するのです。

14　岩田規久男『国際金融入門』岩波新書（1995）p44
15　純所得・所得収支という黒字を生みますが、これらもまた、海外資産として積み上がるだけです。

これが「国際資本移動の自由化が進んだことにより財の取引額を大きく上回る資本取引が行われているため、少なくとも中長期的にはISバランスにより経常収支や資本収支の問題を考える方法が、最近の経済学ではほぼ通説[16]」とされている、「貯蓄－投資差額論」・ISバランス論です。

チャールズ・ユウジ・ホリオカ「日本経済の『貯蓄超過』今後縮小へ」
日本経済新聞2009年9月30日

世界全体でみたら、貯蓄と投資は常に等しくならなければならない。なぜなら貯蓄（S）は投資（I）の財源として必要で、ある額の投資（I）（設備投資、住宅投資、公共投資など）を行うには、同額の貯蓄（S）が必要だからである。一方、ある国において投資（I）と貯蓄（S）が常に一致する必要はない。貯蓄（S）が投資（I）を上回れば、余った貯蓄（S）を海外に提供し、逆に投資が貯蓄（S）を上回れば、貯蓄（S）の不足分を海外から借り入れればよい。

＊貯蓄の（S）、投資の（I）は筆者による補足。

お金の貸し借りを行う主体は、金融機関、生命保険や投資信託、外貨預金・投資をする個人です。一方、輸出入をする主体は、トヨタや、パナソニック、ユニクロといった、輸出企業や輸入業者です。両者はまったく違います。

投資家が海外投資をするのは、自分のもうけのためであり、日本の「貿易黒字」や外貨が余っているから投資しなければならないのではありません。

また、外国の政府・企業・個人からすると、社債・国債・株式を発行

16　福田慎一「第11章　最近の国際資本移動について」第5回山本委員会講演　2006.1.24　p148

して資金を調達するのは、「貿易赤字」を穴埋めするためではありません。お金を貸してくれる主体が国内にあろうと海外にあろうと、企業・政府・個人にとってはどちらでもかまわないのです。

「海外証券投資、回復の兆し」日本経済新聞2012年３月２日

欧州債務危機で急減していた日本から海外への証券投資に回復の兆しが出てきた。今年１月の対外証券投資は２兆円超の買い越しとなり、２月も積極投資が続いている。

２月19日～25日の対内・対外証券投資　　　　**（億円）**

対外証券投資	▲13,076
対内証券投資	74
週内の差引流出額	13,002

▲は資本流出

マスコミでよく言われる「日本がもうけた貿易黒字で、アメリカの資本不足をファイナンスする（資本を輸出する）」ということではありません。「貯蓄超過→資本輸出→貿易黒字」の順序が正しいのです。

お金の貸し借りが先、貿易黒字（赤字）はあと

2010年、世界の貿易額は15兆495億ドル、１日あたり412億ドルです（JETRO）。一方、同年の為替取引は、１日あたり４兆ドル（BIS調査）です。実物取引のおよそ95倍です。

資本取引額は、貿易額の95倍

モノ・サービス取引額（貿易額）→□

資本取引額
（株、預金、国債、社債、先物 etc）

日本の場合、「……各通貨の貿易取引に対する為替取引の倍率は、10年4月の時点で米ドルが約240倍、円が140倍[17]（日本経済新聞2012年3月16日）」あります。

たとえば、東京証券取引所の売買代金は、1日1～3兆円、1カ月に40～70兆円です[18]。日本の1年間の国家予算が約80～90兆円、GDP（国内総生産）は約500兆円です。これらの実体経済をはるかに上回る資本の取引があるのです。

「13日連続で売買1兆円超」日本経済新聞2012年2月17日

東京証券取引所第1部の売買代金が回復している。16日は約1兆3800億円強となり、1月31日から13営業日連続で1兆円を上回った。……11年7月26日～9月7日（32日連続）以来、約5カ月ぶりの記録となる。

「円売買、東京市場で活発化」日本経済新聞2012年3月2日

……日銀によると、2月の東京市場でのドル・円の直物取引高は2102億ドル。1日当たりの取引高は平均約100億ドルとなった。

90年代初頭までは、実体経済が犬の頭、資本経済が犬の尻尾でした。しかしいまや、バーナンキFRB[19]議長が「貿易は犬の尻尾[20]」と言うほど資本取引が巨額になったのです。

---

17 「これに対して人民元は約3.5倍にすぎない（同）」

18 2012年の日本の債権市場売買高は8843兆2494億円です（「公社債種類別店頭売買高」日本証券業協会）。債券残高でも、アメリカに次ぐ世界第2位の市場です。そのほかに国債先物取引市場が1日4兆円ほどあり、株式市場・東証一部の売買代金は1日平均2兆8191億円です（日本経済新聞2013年2月7日）。

19 アメリカの連邦準備制度理事会で、中央銀行に相当します。

20 水野和夫『人々はなぜグローバル経済の本質を見誤るのか』日本経済新聞出版社（2007）p58

これらの金融・資本取引の結果、世界の金融資産は、総額200兆ドルを超えます。実体経済の3倍超です。しかも、その成長率は2006年までの11年間で年平均9.1%、世界の実体経済（GDP）成長率の5.7%を大きく上回っています。

世界金融資産残高の推移　（単位 兆ドル）平成20年 通商白書　my index 日経ビジネス　ITI 米マッキンゼー

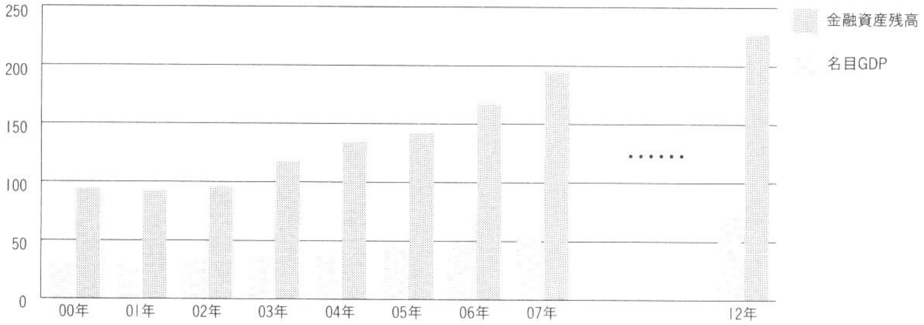

当然ですが、「日本が貿易黒字になる」→「外国企業が日本企業に円で払う取引が多くなる」→「円の需要が大きくなる」→「円高になる」→「円高で輸出減になる」→「国際収支均衡する」などという経済学の古典的解釈は、現代ではまったく成立しません。円高・円安を決定するのは、資本取引（株や国債、社債など）であり、実物取引ではないからです。

世界中のお金の貸し借り＝国際収支不均衡＝インバランスは、リーマン・ショック以降も、拡大の一途です。

『政治・経済』東京書籍（2011）p167

例えば、日本の対米貿易黒字が続いていると、ドルを円にかえようとする動きが強まるから、円高ドル安になる傾向がある。いっぽう、円高ドル安は黒字幅を縮小させる働きをもつ。しかしこれは理論上の話であって、実際には資本移動や投機にともなう通貨の交換も為替レートに影響をおよぼす。

コラム　アメリカは貿易赤字

アメリカは、総消費>総生産です。国内で必要な商品（G＋I＋C）を、国内生産（Y）でまかない切れません。不足分は、海外からの資本流入でまかなっています。

アメリカのGDP2009年　（単位10億ドル）

総生産 GDP	生産(Y) 14,119		IM－EX 282
総支出 GDE	消費(C) 10,024	政府(G) 2,400	投資(I) 1,977

アメリカ ISバランス 対GDP比　2010白書 経産省

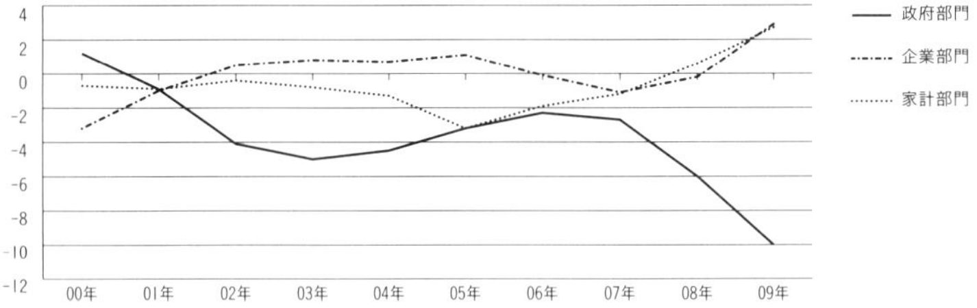

アメリカ 経常収支赤字　（単位 億ドル）2010白書

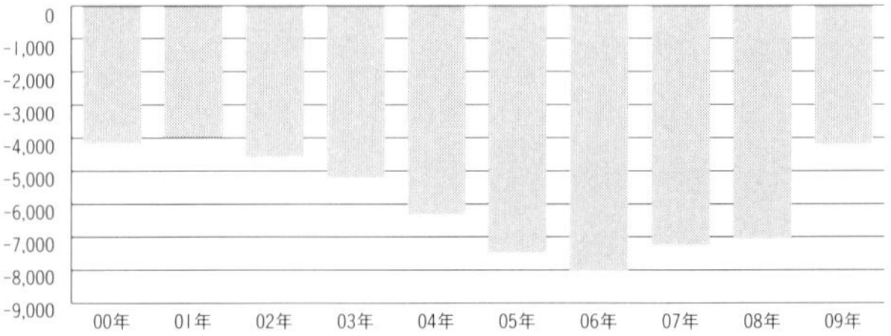

第２章　企業の赤字と貿易赤字の違い

「31年ぶりに貿易赤字『日本の時代は終わった？』」サーチナ・ニュース 2012年１月26日

財務省が25日、2011年の貿易収支を発表した。２兆4927億円の赤字となり、赤字への転落は第２次石油危機で原油輸入額が膨らんだ1980年以来、31年ぶり。韓国の複数のメディアもこの発表に注目し、詳細を報じた。

韓国メディアは、「輸出大国の日本が貿易赤字国に」「日本の時代は終わった？」と題し、輸出大国だった日本の地位が落ちてきていると伝えた。

どうしても、一般的にはこの「赤字」とか「赤字への転落」という見出しに影響され、「日本の時代が終わる」とか「日本の地位が落ちた」というように考えてしまいます。本当は貿易赤字は同額の資本黒字のことなので、海外から日本への投資が多いことを示します。以下、解説していきましょう。

『2012　新政治・経済資料　新訂版』実教出版　p282

経常収支＋資本収支＝０　すなわち、資本収支が赤字であれば、経常収支は自動的に黒字となる。

資本収支の赤字を経常収支の黒字で埋め合わせているわけではないこと、「赤字＝悪」ではないことに注意。

下記の事例にある、企業の「赤字」と、「貿易赤字」は、「赤字」という言葉は同じなのですが、意味が違います。

「任天堂、新機種が低調、２期連続営業赤字」日本経済新聞2013年１月31日

任天堂は30日、2013年３月期の連結営業損益が200億円の赤字（前期は373億円の赤字）になりそうだと発表した。

「海外所得頼み鮮明」日本経済新聞2012年２月９日

財務省が８日発表した2011年の経常黒字は前年比43.9％減の９兆6289億円となり、15年ぶりに10兆円を割り込んだ。燃料輸入の増加などで貿易収支が赤字になったためだ。……11年の経常黒字が急減したのは、貿易収支が通関ベースで31年ぶりの赤字になったからだ。

任天堂の赤字が「悪いこと・損なこと」なので、「米国貿易赤字は悪いこと」ととらえてしまいがちです。

英語では企業の黒字は the black、赤字は the red といいます。こちらはそれぞれ「もうけ」「損」のことです。

一方、貿易黒字は a trade surplus、貿易赤字は a trade deficit です。surplus は、辞書には、「残り・余り、余分の量（額）」と書かれています。deficit は「不足額」です。直訳すると、それぞれ「貿易の余り」「貿易の不足」です。輸出＞輸入なら黒字、輸出＜輸入なら赤字といいます。

	黒字	赤字	会計表
貿易	a trade surplus	a trade deficit	国際収支表
企業	the black	the red	損益計算書

何が違うかといえば、企業の場合、黒字は「良いこと」でしかありません。しかし、貿易の場合、貿易黒字額＝資本赤字額なので、一方の赤字が増えたら、一方の黒字も増えます。逆に、黒字が減れば、赤字も減ります。

１．会計表

企業の黒字（赤字）は、損益計算書に記載されます。貿易黒字（赤字）は、国際収支表（複式簿記）に記載されます。

この、損益決算書に記載された「黒字・赤字」と、国際収支表に記載された「黒字・赤字」はどのように違うのか、見てみましょう。

(1)　企業の損益計算書

会社は、利益を上げるためにビジネスを行っています。もちろん、損が発生する場合もあります。ある期間（３カ月とか、１年間とか）に、どれだけ費用をかけ、どれだけ利益（損失）が発生したかを示すのが、損益計算書です。

損益計算書　日立製作所	平成23年３月期
売上高	１兆7953億円
原価	△１兆3089億円
売上総利益	**4864億円**
販売費および一般管理費合計	△4533億円
営業利益	**331億円**
営業外(収益＋費用)	△290億円
経常利益	**1276億円**
特別(利益＋損失)法人税等	△633億円
純利益(税金調整後)	**643億円**

右表の場合、純利益は643億円の黒字となります。企業の場合、「黒字＝もうけ＝良いこと」です。

(2) 国際収支表

さて、国際収支表の場合は、「黒字」「赤字」はどのようになるのでしょう？

2011年12月の日本の国際収支速報　財務省　（億円）

モノ・サービス他		広義資本（カネ）	
経常収支		資本収支	8,968
1. 貿易／サービス収支	△3,002	外貨準備	2,700
2. 所得収支	7,005	誤差脱漏	△14,703
3. 経常移転収支	△968		
合計	3,035		△3,035

表の左側の「貿易／サービス収支」とあるのがいわゆる、「貿易収支」で、ここでは3002億円の赤字です。
「所得収支」は前に説明したように、対外資産が生み出す利子や配当などのことです。「経常移転収支」というのは外国や国際機関への見返りのない資金援助のことです。日本は多額の資金援助をしていますので、常に赤字になります。

左側の合計額を「経常収支」といいますが、これは3035億円の黒字です。一方、右側の資本（カネ）を見ると、資本収支は8968億円の黒字です。全体では3035億円の赤字です。

この国際収支表を見れば、左側の経常収支と、右側の広義資本収支は、同じ額になっていることがわかります。経常収支黒字額＝広義資本収支赤字額です。

国際収支＝　0　＝　経常収支　＋　広義資本収支

↑（経常収支）モノ・サービス　　↑（広義資本収支）お金

２．国際収支表はどのように作られるのか

日本の場合、財務大臣に委任されて日本銀行が国際収支表を作成しています。国際通貨基金（IMF）によって表作成のマニュアルが定められており、これによって正しく国際比較ができるようになっています。

『高等学校現代政治・経済』清水書院（2013）p154

……経常収支が黒字であることは、国内の需要（内需）が不活発で、国民の多くが貯蓄をおこなっていることを反映しているばあいがある。それとは逆に、国内消費が活発で、国民の多くが投資をおこなうようなばあい、経常収支は赤字となる。このように経常収支の問題は、国際間の問題であると同時に国内における経済活動の反映でもある。

右の表が、一般的に新聞に掲載される国際収支表です。前ページの表を縦に並べ替えただけです。ですからこの表のA経常収支・B資本収支・C外貨準備増減・D誤差脱漏を全部足すと「０」になります。

国際収支表は、複式簿記といってプラス・マイナスが同時に記入されます。「経常収支＋広義資本収支（外貨準備増減・誤差脱漏含む）＝０」となるのは、そのように記入し

2012年12月の国際収支

財務省　（億円）

A 経常収支	△2,641
貿易／サービス収支	△8,477
貿易収支	△5,676
輸出	50,678
輸入	56,354
サービス収支	△2,801
所得収支	7,075
経常移転収支	△1,239
B 資本収支	9,134
投資収支	9,490
その他資本収支	△357
C 外貨準備増減	1,545
D 誤差脱漏	△8,038

ているからなのです。

どのような仕組みになっているか実際に記入してみましょう[21]。

次の表は国際収支を複式簿記で記入するために作成されたものです。「勘定」という簿記特有の言葉が使われていますが、わかりやすいように、右側に「1．経常収支」「2．資本収支」といったように、最終的に目にする言葉を併記しています。

	貸し方（＋）	借り方（－）		計
1 経常勘定			**1 経常収支**	
(1)財・サービス			A　貿易／サービス収支	
①財（モノ）				
②サービス				
(2)所得			B　所得収支	
(3)経常移転			C　経常移転収支	
			計	
2 資本勘定			**2 資本収支**	
(1)資本勘定			A　その他資本収支	
(2)財務勘定			B　投資収支	
①直接投資				
②証券投資				
③その他投資				
④準備資産			**3 外貨準備増減**	
			計	
計				

21　この項の執筆には以下の文献を参考にしました。日本銀行国際収支統計研究会『国際収支のみかた』日本信用調査出版部（1996）、西孝『イントロダクション　マクロ経済学講義』日本評論社（2002）、内村広志他『国際収支の読み方・考え方』中央経済社（1998）。

国際収支表では、すべての取引で、同じ金額が、「貸し方（+）」と、「借り方（−）」に同時に記載される「複式計上」方式を採用しています。それは、ほとんどすべての取引には、相手に「モノ・サービス・株などの証券」を渡し、「代金」を受け取るという、双方向の流れがあるからです。「モノ・サービス」の受け取りと、代金の支払いは、同時に、同じ金額で、「貸し方（+）」と、「借り方（−）」に計上されます。

では、表の右側の言葉を手がかりに、どこにどんな数字が入るのかを見ていきましょう。

1　経常収支

A　貿易／サービス収支

「モノ・サービス」の輸出入を記入します。

モノ・サービスの輸出→貸し方（＋）
モノ・サービスの輸入→借り方（−）

B　所得収支

p46で説明した、所得収支のことです。

所得の受け取り→貸し方（＋）
所得の支払い　→借り方（−）

C　経常移転収支

「移転」とは、お金の無償援助です。何も買ったり売ったりはしませんが、相手から「感謝状」を受け取ったり、送ったりしたと考えます。

援助をもらう（感謝状輸出）→貸し方（＋）
援助をする　（感謝状輸入）→借り方（−）

2　資本収支[22]

A　その他資本収支

ここも、「援助」ですが、相手国の資本を形成（道路・ダム・港など）する場合を含みます。やはり、「感謝状」を受け取ります。その他資産として、著作権使用料、営業権使用料など、無形資産の売買が計上されます。

資本受け取り（感謝状輸出）、その他資産取得→貸し方（＋）
資本支払い　（感謝状輸入）、その他資産処分→借り方（－）

B　投資収支

金融資産の取引が記載されます。株券、国債などの証券、借用証書、預金証書などを売買し、お金をやりとりする取引です。

株券、証券、借用証書、預金証書の輸出→貸し方（＋）
株券、証券、借用証書、預金証書の輸入→借り方（－）

3　外貨準備増減

主に日銀が行う、円と、外貨（ドル、ユーロ、債権など）の売買です。国内資産が増えると（＋）、国内資産が減ると（－）に計上します。

外貨減少（国内資産の増加）→貸し方（＋）
外貨増加（国内資産の減少）→借り方（－）

では、取引例を記入してみましょう。実際には、日銀は外国為替および外国貿易法の規定に基づき、一定の対外取引を行った者から提出された報告書をもとに作成しています。

22　資本というのは、基本的に「お金」と考えてください。

例ア

日本の自動車会社が、車をアメリカに輸出します。代金は10万円です。

自動車の輸出→財（モノ）の欄→貸し方（＋）ア10

預金証書輸入→その他投資の欄→借り方（－）ア10

例イ

日本の輸入会社がアメリカの会社の航空機を使い、輸送代金を払います。代金は５万円です。

輸送サービス輸入→サービスの欄　→借り方（－）イ5

預金証書輸出　　→その他投資の欄→貸し方（＋）イ5

例ウ

米国債を保有している日本の投資家が、利息の支払いを国内にある銀行の預金口座を通じて受け取ります。代金は３万円です。

証券投資収益／債権利子→所得の欄　→貸し方（＋）ウ3

現預金（銀行部門）→その他投資の欄→借り方（－）ウ3

例エ

日本が、地震に際し、食料援助を受けました。感謝状を輸出します。代金は３万円です。

食料の輸入　→財（モノ）の欄→借り方（－）エ3

感謝状の輸出　→経常移転の欄→貸し方（＋）エ3

例オ

日本企業が、タイに子会社を作るため、子会社の株を買い、代金をタイの銀行に振り込みます。代金は２万円です。

株券の輸入　→直接投資の欄　　→借り方（－）オ2

預金証書の輸出→その他投資の欄→貸し方（＋）オ2

例カ

イギリスの投資家が、日本企業の株を購入します。代金は4万円です。

株券の輸出　　→証券投資の欄→貸し方（＋）カ4

預金証書輸入→その他投資の欄→借り方（－）カ4

例キ

日銀が、民間銀行との間で、円売り・ドル買いをします。金額は1万円です。

日銀のドル輸入円輸出　　→準備資産の欄　→借り方（－）キ1

民間銀行のドル輸出円輸入→その他投資の欄→貸し方（＋）キ1

完成すると次の表のようになります。実は、普段私たちが見ている国際収支表（p58）は、右半分の部分です。作成された国際収支表の結果ももちろん大事なのですが、ここで重要なのはそれをつくる過程の仕組みです。

	貸し方（＋）	借り方（－）		計
1 経常勘定			**1 経常収支**	
(1)財・サービス			A　貿易／サービス収支	
①財（モノ）	ア　10	エ　3		＋7
②サービス		イ　5		－5
(2)所得	ウ　3		B　所得収支	＋3
(3)経常移転	エ　3		C　経常移転収支	＋3
				計＋8
2 資本勘定			**2 資本収支**	
(1)資本勘定			A　その他資本収支	
(2)財務勘定			B　投資収支	
①直接投資		オ　2		－2
②証券投資	カ　4			＋4
③その他投資	イ　5 オ　2 キ　1	ア　10 ウ　3 カ　4		－9
④準備資産		キ　1	**3 外貨準備増減**	－1
				計－8
計	28	28		

この部分が、一般的に目にする、国際収支表

「経常勘定」の欄に記載された取引は、経常移転収支（お金の無償援助）を除いて、「資本勘定」の欄に記載されるということです。つまり、経常収支＋は、資本収支－に記載され、経常収支－は、資本収支＋に記載されるのです。

「経常移転収支」以外の経常収支は、資本収支に影響します。

これに対し、資本勘定の「貸し方」「借り方」だけに記載されるものもあります。

たとえば現金と株、現金と国債などの債券、現金（円）と現金（ドル）の交換、すなわち資本の取引です。この場合、資本収支＋は資本収支－に記載され、資本収支－は資本収支＋に記載されるのです。これは「資本を国内に持つか海外に持つか」の違いであって、資産総額が変わるわけではないということなのです。

この関係を、国際収支表で確認します。影響を及ぼす場合は矢印で、プラスとマイナスが相殺する（打ち消しあう）場合は、横線で示します。

	貸し方(+)	借り方(−)		計
1 経常勘定			**1 経常収支**	
(1)財・サービス			A　貿易／サービス収支	
①財(モノ)	ア　10	~~エ　3~~		+7
②サービス		イ　5		−5
(2)所得	ウ　3		B　所得収支	+3
(3)経常移転	~~エ　3~~		C　経常移転収支	+3
				計+8
2 資本勘定			**2 資本収支**	
(1)資本勘定			A　その他資本収支	
(2)財務勘定			B　投資収支	
①直接投資		~~オ　2~~		−2
②証券投資	~~カ　4~~			+4
③その他投資	イ　5 ~~オ　2~~ ~~キ　1~~	ア　10 ウ　3 ~~カ　4~~		−9
④準備資産		~~キ　1~~	**3 外貨準備増減**	−1
				計−8
計	28	28		

↓

貸し方(+)	借り方(−)	計	
ア10 ウ3	イ5	+8 **(黒字)**	**経常収支**
イ5	ア10 ウ3	−8 **(赤字)**	**資本収支**

これを見てわかるように、「もうけ」という概念は入っていません。国際収支の場合、「黒字額＝赤字額」なので、黒字が減れば、赤字も減ります。逆に、赤字が増えたら、黒字も増えます。次ページの2012年11月と12月の国際収支表の比較からも明らかです。

2012年11月の日本の国際収支　財務省　（億円）

モノ・サービス他		広義資本（カネ）	
経常収支		資本収支	△3,274
1. 貿易／サービス収支	△10,376	外貨準備	4,966
2. 所得収支	8,915	誤差脱漏	533
3. 経常移転収支	△763		
合計	△2,224		2,225

2012年12月の日本の国際収支　財務省　（億円）

モノ・サービス他		広義資本（カネ）	
経常収支		資本収支	9,134
1. 貿易／サービス収支	△8,477	外貨準備	1,545
2. 所得収支	7,075	誤差脱漏	△8,038
3. 経常移転収支	△1,239		
合計	△2,641		2,641

2012年11月	△2,224	2,225
	赤字増 ↓	黒字増
2012年12月	△2,641	2,641

黒字、赤字という言葉に惑わされがちですが、国際収支においては「貿易黒字はもうけ」、「貿易赤字は損」ではないのです。

「最新図説政経」浜島書店（2013）p292

国際収支表は、同価値のものを交換するという考え方に基づき、複式計上方式で作成されている。

例えば……３万ドルの車をアメリカに輸出し……貿易収支に３万ドル、投資収支に－３万ドルを計上することになる。

このように計上するため、国際収支表の合計はゼロになる。

経常収支＋資本収支＋外貨準備増減＋誤差脱漏＝０……つまり、経常収支が黒字の国は、海外に投資したり、資金を貸し付けたりして資本を海外に流出するか、外貨準備を増加することになる。

3．貿易黒（赤）字の意味

『ニュースタンダード　資料現代社会』実教出版（2012）p286

　輸出超過の状態では貿易・サービス収支は黒字となる。海外直接投資が多ければ資本収支は赤字になる。「赤字が悪で黒字が善」というとらえ方は国際収支の定義からも正しくないし、黒字と赤字は、その国が世界経済のなかではたしている役割を考えて評価すべきである。

　貿易黒字であるということは、日本国内で消費されなかった生産財・サービスを外国が消費（購入）したということです。と同時に、資本収支赤字であり、それは、日本に海外資産が入ってきたということ、外国の国債や株式・社債の増加、直接投資（海外に工場を建てるなど）の増加、あるいは、外国の銀行の口座残高が増えたということです。日本から見ると海外にカネを貸していること（債権）です。日本円を外貨に替えることですから、外貨が増え、日本円の持ち分が減るので赤字となります。日本人から預金をしてもらった外国の銀行にとっては、債務になります。

　一方、貿易赤字の国はどのようになるのでしょうか。アメリカの場合、貿易収支は赤字です。

　アメリカの「資本収支黒字」は、アメリカの「対外債務」額でもあります。ここでいう債務は「借金」のことではありません。つまり、アメリカは、国外に対して「借金」を多く抱えて、大変なことになっているわけではないのです。

アメリカ 貿易収支 (単位 100万ドル)JETRO

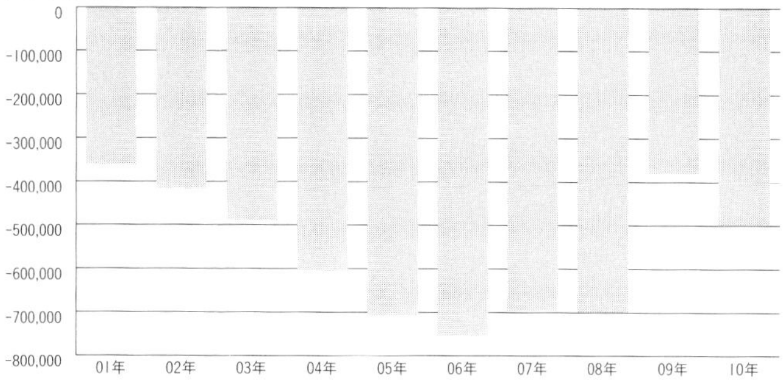

アメリカ 対外債務残高 (単位 100万ドル)JETRO

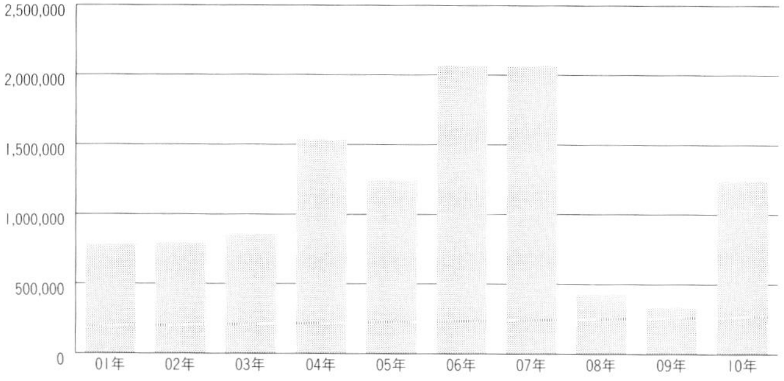

高増明、竹治康公『経済学者に騙されないための経済学入門』ナカニシヤ出版（2004）p20-21

……対外債務というのは、住宅ローンとは違って返済しなければいけないものではありません。対外債務というのは、たんに外国の企業が自国の土地や株を買ったということです。けっして、日本人が外国からお金を借りてそれを毎月返済しなければならないということではないのです。

日本の場合でいえば、対外債務とは外国の政府や企業や個人が日本国内に持っている株や債券、土地や建物、円のことを指します。

アメリカ、イギリス、ユーロ圏（下のグラフの中央より下の部分の国々）などの経常収支赤字＝資本収支黒字は、中東・アフリカ、中国、日本、ドイツ（中央より上の部分の国々）などの、経常収支黒字＝資本収支赤字が流入した結果といえます。

世界の経常収支 (単位 10億ドル)2010白書

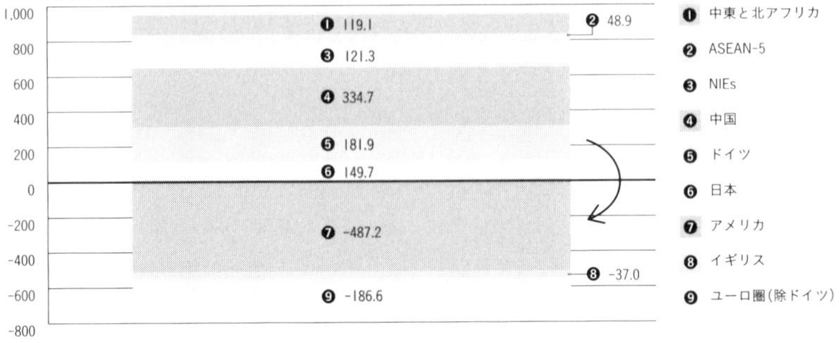

アメリカの「資本収支黒字が増えた」というのは、世界がアメリカの国債・社債を買った、アメリカの株式に投資した、アメリカの銀行への預金が増えたということなのです。

たとえば、日本の株式市場では、外国人が多額の投資をしています。これは、日本の株式市場における「資本収支黒字」を増やします。

今では、外国人株主の持ち株比率が30％を超える企業も少なくありません。東証一部上場企業では、2005年には100社を超えました。

外国人の株保有率（％）　　ストックウェザー　2013.3.22

いちごHD	85.2	新生銀行	59.8
中外製薬	75.9	アデランス	59.2
あおぞら銀行	69.8	大東建託	56.3
日産自動車	68.3	HOYA	53.4
ラオックス	65.1	オリックス	51.5
大泉製作所	61.0	花王	48.8
ドン・キホーテ	60.7	三井不動産	46.7
昭和シェル石油	60.5	アステラス製薬	46.3

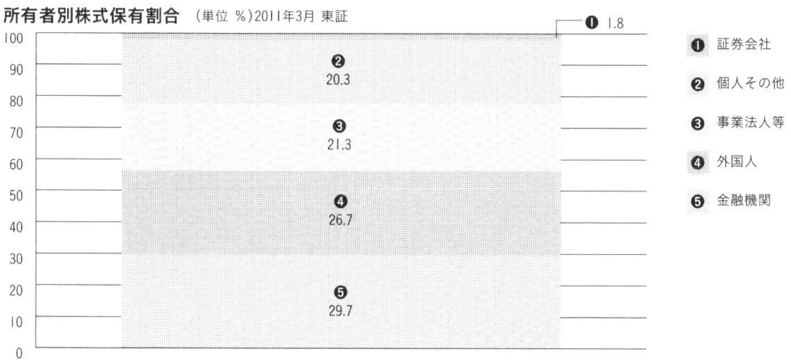

石川城太「経済危機下の産業政策考」日本経済新聞2009年４月15日

……グローバル化が進展し、国境を越えたヒト・モノ・カネ・サービスの移動の活発化に伴い……自国企業にみえながら、所有構造を見ると……株式の多くを外国人が所有しているケースが……ある。……日産自動車の外国人持ち株比率は６割を超え……日産はルノーの株式の15%を所有し、逆にルノーは日産の44.3%の株式を所有している。……ルノー出身のカルロス・ゴーン氏が両社の社長兼最高経営責任者（CEO）を兼務し、日産が保有するルノー株式には議決権がないため、日産はもはやフランスの企業といってもよい。

これが、グローバル化の実態です。資本は国境を越え移動しているのです。「日産はフランス企業」です。

アメリカの場合、貿易赤字額＝資本収支黒字額なので、アメリカが貿易赤字を出せば出すほど、外国資本（外貨準備、外国債、外国証券ほか）の流入が増えるということなのです。「日産はフランス企業」と同様、アメリカの「○○社は日本企業・タイ企業・中国企業」という事例が増えています[23]。これが、「アメリカの対外債務」といわれるものの正体です。「海外からの投資＝外国からの借り入れ＝対外債務＝借金」ではないのです。

「日産はフランス企業」で、「ヤマダ電機は外国企業」ですが、われわれの生活に影響を与えることはありません。

一方、日本の輸出－輸入はプラス（貿易黒字）なので、結局「ドル（外貨）」が残ります。これが、貿易収支黒字＝資本収支赤字であり、これらは海外資産に投資された額のことです。

これ以外にも、純粋な資本取引（外国の企業買収：M&A）や、株の購入、債券（社債や国債）の購入などが、行われています（国際収支表には載ってきません）。

「欧州運用大手を買収へ」日本経済新聞2013年2月15日

オリックスはオランダの大手銀行ラボバンク傘下で世界有数の資産運用会社、ロベコを買収する方向で最終調整に入った。……買収額は2500億円程度を軸に交渉中。

「東欧ビール大手買収へ」日本経済新聞2012年3月11日

アサヒビールの主な海外での買収企業

時期	社名	金額（億円）
2009.4	シュエップス・オーストラリア	770
2011.9	P&N（豪）	149
	インディペンデント・リカー（ニュージーランド）	982
2011.11	ペルマニス（マレーシア）	202
2012	スターベブ（チェコ）	2000規模

23　p99一番上の引用のような事例で、アメリカに対する投資が、5000億ドル（約40兆円）程度あるということです。アメリカは、世界中からの投資を呼び込んでいるのです。「経常収支赤字で不況？」になど、なるわけがありません。

第３章　貿易黒字について

小峰隆夫「『貿易収支の赤字』は『日本の競争力の衰え』なのか」日経ビジネスオンライン

例えば、貿易収支が赤字になった（輸出よりも輸入が多くなった）という現象を目にすると、多くの人は「日本の競争力が衰えた」と考えるようだ。私は、これは「マクロとミクロの混同だ」と考えている。この点はやや複雑だが、次のようになる。

本論における説明では、貿易収支を内外景気の動きや資源価格の動きで説明してきた。これは、貿易収支というマクロ（経済全体）的な現象はマクロ的な変数で説明するというのが基本だからである。ただし、ミクロ的な貿易収支、例えば、自動車の貿易収支、繊維製品の貿易収支には、日本の競争力が反映される。日本が自動車部門で黒字、繊維部門で赤字となっているのは、日本の産業が自動車で強い競争力を持ち、繊維製品では競争力が弱いからだ。しかし、こうしたミクロ的な競争力によってはマクロ的な貿易収支の変化を説明することはできないのである。

競争力という概念を安易に持ち込むと、貿易が「勝った、負けた」の議論になってしまうことにも注意が必要だ。ミクロ的には競争力に優る産業で貿易収支が黒字になり、劣る産業では赤字になりやすいことは事実だ。その意味では「勝った、負けた」の世界なのかもしれない。しかし、これも前回説明したように、貿易においては、輸出が善で輸入が悪ということではない。輸出が日本国民の所得と雇用機会の源となり、同時に海外の人々の暮らしをより豊かにしているのと同じように、輸入もまた海外の人々の雇用機会を提供するとともに、同時に日本国民の生活を豊かなものにしているのだ。

第3に、以上のような説明にもかかわらず、多くの人が貿易赤字を大変気にするのはなぜか、という点も重要な論点だ。

私は、この点は「言葉遣い」にも大きな原因があると考えている。前回説明したように、貿易収支、経常収支は黒字の方が望ましいとは必ずしも言えない。しかし、普通の人であれば「黒字」の方が「赤字」よりも望ましいと考えるのが自然だ。黒字だったのが赤字になったことを、黒字から赤字に「転落した」と表現されることが多いのも、「黒字が望ましい」という潜在的な価値判断があるからだ。しかし、これは一国全体の経済と家計経済を同一視しているからであり、誤解の元である。私の考えでは、貿易収支、経常収支は、景気、資源価格、貯蓄投資の関係などを反映して動くのであり、その背景を分析して初めて評価することが出来るものだ。結果的な黒字や赤字の大きさだけで「望ましいかどうか」を判断できるものではない。

私は、「黒字」「赤字」「転落する」といった表現は、言葉自体に価値判断が含まれたもので、「経済的差別用語」に相当するものであり、撲滅すべきだとさえ考えている。言葉自体に価値判断が入ってしまうと、クールな議論が阻害されかねない。黒字ではなく「輸出超過」、赤字ではなく「輸入超過」、「赤字に転落した」ではなく「輸入超過に転じた」と表現すべきではないか。

1．経済成長と貿易黒字

「貿易黒字と、経済成長は無関係[24]」です。はっきり言うと「貿易黒字なんてどうでもいい」のです。検証してみましょう。

イギリスもフランスもイタリアも、毎年、貿易赤字ですが、1人あたりGDPはリーマン・ショックの影響が大きかった2007〜2010年を除けば毎年増加しています。日本はずっと貿易黒字で、2000年にはこれらの国より1人あたりGDPが上だったのに、現在は埋没しています。

アメリカも同様です。「双子の赤字（財政赤字と貿易赤字）[25]」という言葉に代表されるように、アメリカも基本的に貿易赤字です。それも、貿易赤字額は、世界最大です。ですが、日本が「失われた20年」などと

国際収支推移　（単位 10億ドル）世界経済のネタ帳

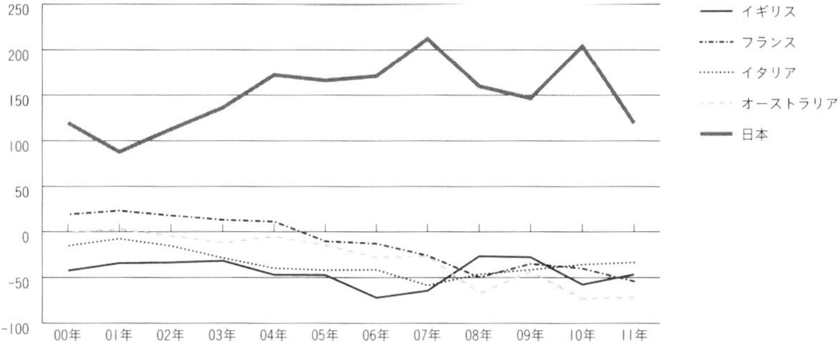

24　これは、「経済成長しているから、貿易黒字が増えるわけではない」「貿易黒字が増えたからといって、経済が成長するわけではない」という意味においてです。

25　「双子の赤字」とは、1980年代のロナルド・レーガン政権下、2000年代のジョージ・W・ブッシュ政権下のアメリカ、1990年代のイギリスなどで見られた経済現象のことで、貿易赤字と政府の財政赤字が並立している状況を指します。

もたもたしている間に、GDPでは確実に差をつけられました。

1人あたり名目GDP （単位 ドル）世界経済のネタ帳

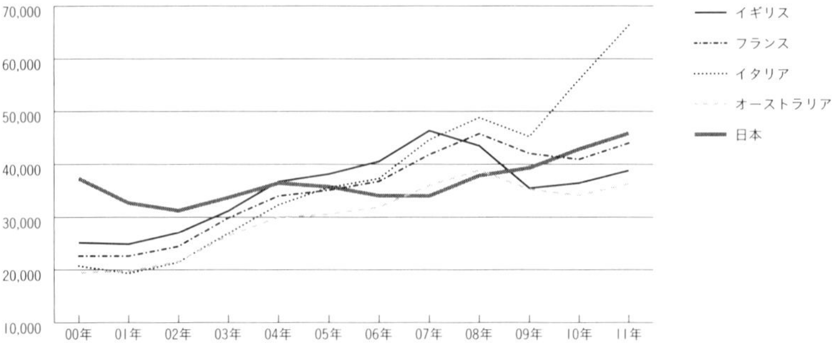

国際収支推移 （単位 10億ドル）世界経済のネタ帳

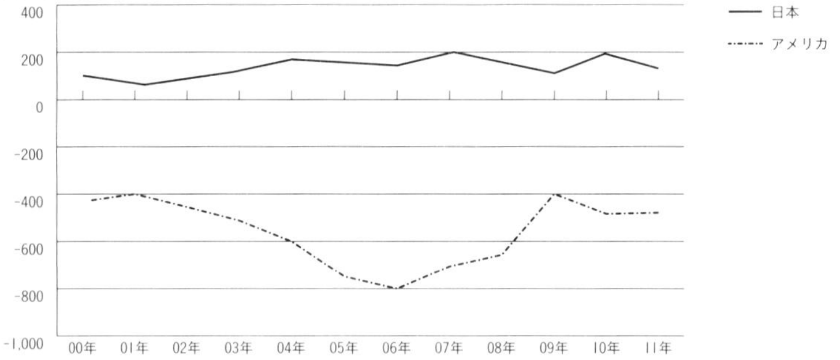

名目GDP （単位 10億ドル）世界経済のネタ帳

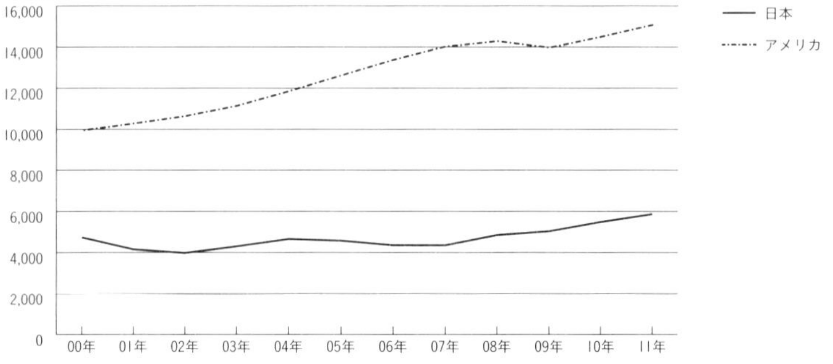

「ダウ最高値米経済はいま」日本経済新聞2013年３月８日

米国のダウ工業株30種平均が５年５カ月ぶりに過去最高値を更新、2008年の金融危機後の米経済回復が新たな局面に入った。株高は金融緩和による余剰マネーの流入とともに、シェール革命や住宅市況の底入れによる景気浮揚への期待が支えとなっている。……

米主要500社の純利益は……前年比約４％増。……最高益を更新した。……予想では13年も９％前後の増益を見込む。

「米貿易赤字１月16.5%増」同

……１月の米貿易赤字……は約444億4800万ドル（約４兆2000億円）で、前月の改定値から16.5%増えた。…… ２カ月ぶりの赤字拡大……。

「貿易黒字増だから経済成長」も「貿易赤字だから経済衰退」も、どちらも成立しません。「貿易黒字と、経済成長は無関係」です。日本の、高度経済成長期を見てみましょう。

日本は、高度成長期、GNP が、平均して年率10％成長する経済成長を達成しました。国際的にもきわめて高い経済成長率です。

日本 GNP・貿易収支額　（単位 10億円）内閣府

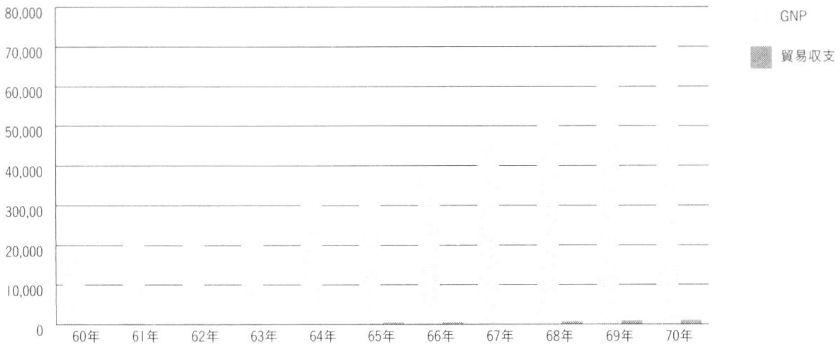

しかし、「貿易黒字」は、GNPに対して、ごくわずかの額にとどまっています。なおかつ、1961年と、1963年は、「貿易赤字」です。簡単に言うと、われわれの給与総額（GNP・GNI）は「貿易赤字」の年も拡大しています。高度成長は「輸出拡大による貿易黒字増大」によって、達成されたのではないのです。

ここでもう一度、GDPの三面等価の表をおさらいしておきましょう。

2010年名目GDP 単位10億円（内閣府）

<table>
<tr><td>総生産
GDP</td><td colspan="5">生産（Y） 482,384</td></tr>
<tr><td>総所得
GDI</td><td>消費（C） 285,867</td><td>税金（T）
84,360</td><td colspan="3">貯蓄（S） 112,157</td></tr>
<tr><td>総支出
GDE</td><td>消費（C） 285,867</td><td>政府（G）
117,302</td><td>G－T
32,942</td><td>投資（I）
73,451</td><td></td></tr>
</table>

輸出－輸入（EX－IM） 5,763

輸出－輸入（EX－IM）は、貿易黒字ですが、同時に日本の、海外への資金の貸出額（外国の日本に対する借金）でもあるのでした。

貿易黒字額＝外国への資金の貸出額

「総生産」から、国内の「総消費（投資）」（家計・企業・政府）を差し引いたもの（貿易黒字）が海外への資金流出に等しくなるのです。

「総生産－総消費」＝「国全体の貯蓄超過」
＝「貿易黒字」

日本全体の所得と支出の差は、貯蓄であり、それは（EX－IM）「貿易黒字」なのです。日本が「貿易黒字」を生み出すのは、日本人が、その支出を、所得以下に抑え、余りを海外に投資した結果です。

これが、貿易黒字の正体です。「お金を貸す（貿易黒字）と経済成長し、お金を借りる（貿易赤字）と経済衰退する」ということなど、ありえません。「貿易黒字と経済成長は無関係」なのです。

日本が経済成長を達成したのは、国内市場の拡大（内需拡大）によるものです。

日本の内需と外需　（単位 10億円）内閣府

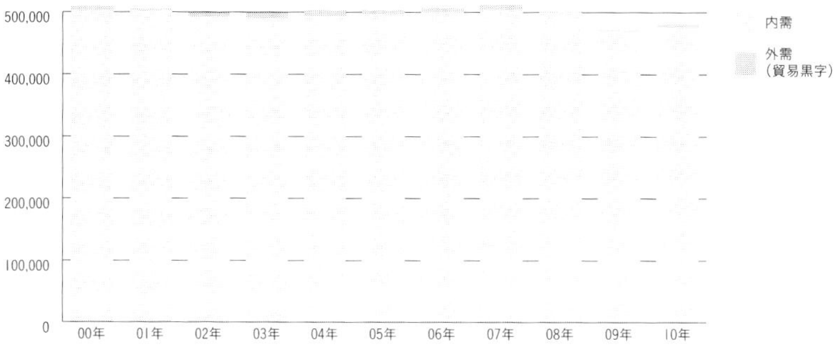

この10年間で、日本の外需（貿易黒字）の経済全体（GDP）に占める割合が一番多かったのは、2004年の1.95％です。同年の外需（貿易黒字）額は９兆8590億円、GDP は503兆7253億円です。

リーマン・ショックに端を発した、世界的大不況に呑み込まれた2009年は、0.36％です（外需１兆7267億円、GDP 469兆4120億円）。その比は、体重60キログラムの人でいえば、216〜1170グラム相当にすぎません。

世界で比較しても同じです。日本よりも、工業製品を輸出していないはずのイギリスでさえ、その輸出額／GDP 比率は、日本より上です。

つまり、日本は、「貿易立国」だったことはないのです。

2011年 輸出額／GDP比 (単位 %)JETRO

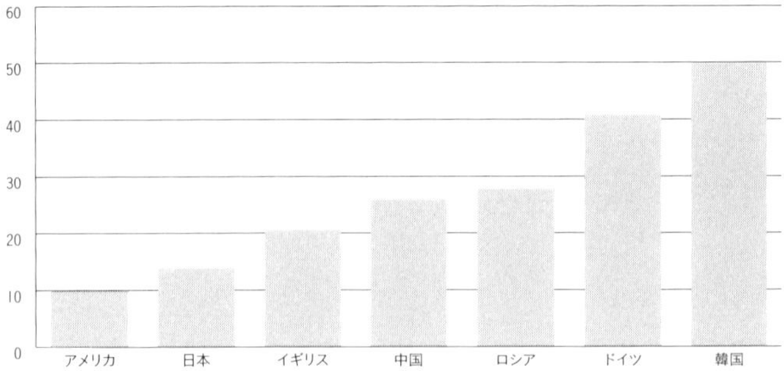

	GDP	輸出額		GDP	輸出額
米	15,075,700	1,480,432	ロ	1,850,401	515,999
日	5,866,540	820,800	独	3,604,062	1,470,307
英	2,428,663	467,124	韓	1,116,400	555,214
中	7,318,495	1,898,380			

100万ドル

2．不況で貿易黒字増

「日本は多くの産業において強い競争力を持っており国際経済で一人勝ちしているから、日本の貿易収支や経常収支は黒字である」とか、「極端に労働力が安いので、中国が一人勝ちする」との論調もあります。実際に、1990年代の、日米経済摩擦当時、アメリカの論調には、次のようなものがありました。

野口旭『経済対立は誰が起こすのか』ちくま新書（1998）

「世界各国は貿易をめぐって厳しい対立関係におかれている。経済的繁栄を維持するためには、国際競争に打ち勝ち、貿易黒字を稼がなければならない……」……といったような考え方……。「……これからはもっと自国経済中心の戦略的かつ攻撃的な政策を用いなければならない」などと主張する人々が、戦略的貿易論者（strategic traders）なのである。……恐ろしいのは、こうした……戦略的貿易論者の認識は、日米の貿易摩擦を報じるマスコミなどを通じて、世間一般の人々の間に着実に広がっていき、一九八〇年代の終わり頃までには、ほとんどのアメリカ人にとっての「常識」にまで転化してしまっていたようにみえたことである。……真っ先に飛びついたのは、「それを選挙演説に取り入れれば票になる」ことをめざとく嗅ぎつけた……政治家たちであった。

※以下、筆者による要約です。

■戦略的貿易論者たちの思考パターン

（1）ソ連邦が崩壊し、軍事競争から経済競争の時代へと移った。最大の敵は、最も対米貿易黒字を抱える日本である。

（2）冷戦時のアメリカは、西側諸国の経済発展のために、自国の市場を開放し続け、自国産業の利益を損なってきた。結果、アメリカの経済力は弱体化し、貿易赤字を抱えた。

（3）アメリカのそのような政策につけ込み、日本は経済成長した。日本は、自国への外国企業の参入を規制し、自国産業を保護し、成長した輸出産業は、製品を、アメリカへ集中豪雨的に輸出した。

（4）日本は経済大国になっても、欧米とは異なる経営様式や取引慣行を持ち、欧米企業が日本市場へ参入することを拒んでいる。

（5）日本の不公正さは、一方的な貿易黒字にあらわれている。日本は市場を閉ざしている。

（6）日本のやり方による、最大の被害国は、対日貿易赤字を抱えるアメリカである。

このように、日本は「好調な経済だから貿易黒字」であるという論調があります。

あるいは、「日本はすごい貿易黒字になっているのに、どうして景気が悪いのだろう」とか、「日本は外貨を稼ぎまくっているのに、なぜ不況なのか」とか、「アメリカは貿易赤字なのに、なぜ好景気なのか」という疑問も同じことです。

実際にどうなっているのか、ISバランス式で検証してみましょう。

景気によって、貯蓄（S）、投資（I）、公債（G－T）、貿易収支（EX－IM）はそれぞれどのように動くのでしょうか。

ISバランス式　(S−I) ＝ (G−T) ＋ (EX−IM)
S：貯蓄　I：投資　G：政府　T：税金　EX：輸出　IM：輸入

景気変動を引き起こす要因として、一番影響があると考えられているのは、投資（I）です。景気がいいと、企業は、「モノ・サービスが売れる（来月も、来年も売れそうだ）」ので、設備投資を増やします。それが、日本全体の消費を刺激し、さらに「モノ・サービス」が売れる状態になります。

ところが、十分に供給が行われ、需要（買いたい）が伸び悩むようになると、設備が余分になります。需要が横ばい（成長しない）になっただけで、設備投資は原理上ゼロになり、急速に減少します。設備投資の減少は、日本全体の消費の減少につながり、不況になります。

次ページのグラフのように、実際に、民間設備投資とGDPは、同じ動きをします。

GDP(Y) 右　民間設備投資(I) 左　(単位 10億円)内閣府

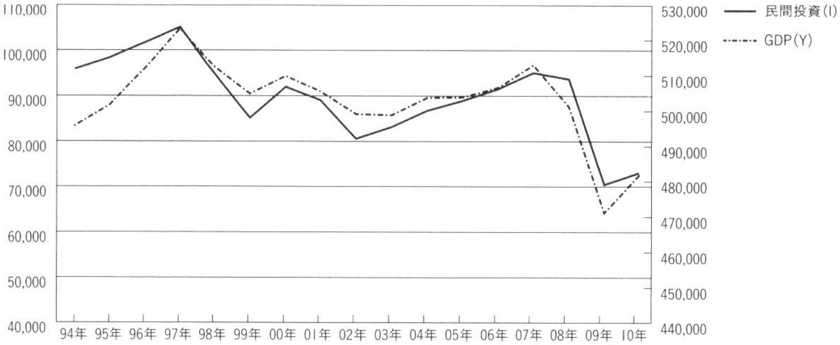

ISバランス式でいえば、景気がいいと、民間投資（I）が活発になり、左辺が縮小します。ということは同時に右辺も少なくなるので、財政赤字（G－T）[26]も貿易黒字（EX－IM）も減少します。つまり「好景気になると貿易黒字は縮小する」のです。

逆に、景気が悪いと、民間投資が少なくなり、左辺が拡大します。同時に右辺（財政赤字＋貿易黒字）も拡大します。つまり「不景気になると貿易黒字が増える」状態になるのです。

貯蓄超過 貿易収支　(単位 10億円)内閣府

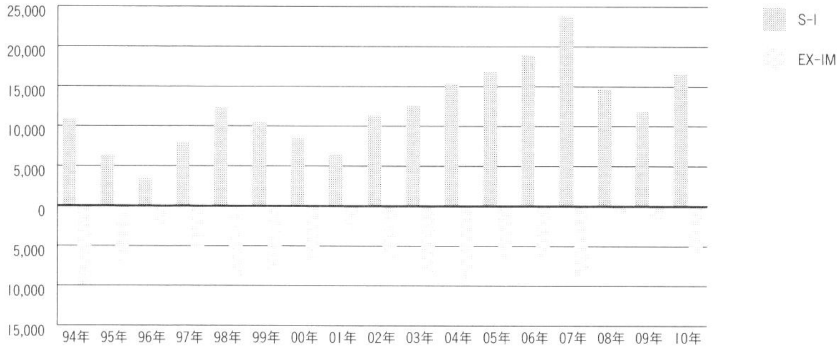

26　1987-91年のバブル期には財政黒字に転じたこともありました。各市町村に１億円を交付したいわゆる「ふるさと創生一億円事業」もこの時期に実施されました（1988-89年）。

中谷巌『入門　マクロ経済学第５版』日本評論社（2007）p40

バブル期の内需拡大により1987年から1991年は貿易・サービス収支黒字が減少、同時に財政収支は黒字に転じた。しかし1992年以降は不況により、財政赤字、貿易・サービス収支黒字、民間貯蓄超過が拡大した。

中谷巌『痛快！　経済学２』集英社（2004）p244-245

貿易黒字が大きくなるのは国内で生産したものを国内で消費したり、投資したりしていないからです。つまり、国内の供給が国内の需要を上回っているので、その余りを輸出する。だから、貿易黒字が増えるのです。もしも、国内で生産した分を国内で消費し切ってしまえば、貿易黒字は発生しないのです。

中谷巌『痛快！　経済学』集英社（1999）p175

「不況だから貿易黒字が増える」のであって、貿易黒字が大きいから豊かになるわけではないのです。

生産されたモノ・サービスが売れ残ってしまう（S－Iがプラスになる）と、政府が公共事業を増やして買う（G－T：国債発行による景気対策）か、外国の人に買ってもらう（EX－IM：貿易黒字）しかないのです。

不況になると、政府が景気対策として、減税し、公共事業を増やすのは、何もしないと生産されたモノ・サービスが売れ残ってしまう（S－Iがプラスになる）からです。

日本で貿易黒字が発生しているときというのは、日本がお金を使わないで貯めて（貯蓄超過）、そのお金が外国に貸し出され、そのお金で外国に日本のものを買ってもらっていることを意味します。

貿易黒字＝国全体の貯蓄超過

３．日本は貿易赤字国に「転落」？

若田部昌澄他『本当の経済の話をしよう』ちくま新書（2012）p150

　でも貿易黒字が善で、赤字が悪という考えが正しいとしたら、カナダなんて、1867年の事実上の独立以来ほとんどの期間、貿易収支が赤字だからもう死んでてもおかしくない（笑）。だけど現実には、カナダは素晴らしく繁栄しているからね。

　ここまでは、「貿易黒字」国を前提とした説明でした。しかし、みなさんご存じのように、日本は、2011年から貿易赤字国に転落（？）しました。日本経済の枠組みが、2011年を境に大きく変わりました。日本は、「貿易赤字」＋「財政赤字」の「双子の赤字」国になっています。

　これを、表で見てみると、下のようになっています。

　貿易赤字になった理由については、はっきりしています。原発停止に伴う、エネルギー費の増大によるものです。また、海外のエネルギー価格高騰などの影響で輸入額がさらに膨らみ、赤字拡大につながりました。輸出も、インフラ破壊の影響で落ち込みましたが、輸入急増が圧倒的な要因であることがわかります。

2011年名目 GDP　　単位10億円（内閣府）

総生産 GDP	生産（Y）470,623			
総所得 GDI	消費（C）284,784	税金（T）81,638	貯蓄（S）104,201	
総支出 GDE	消費（C）284,784	政府（G）116,897	G－T 35,259	投資（I）73,225

輸出－輸入（EX－IM）－4,283

続く2012年の貿易赤字は、過去最高額となりました。

2011年12月の日本の国際収支速報 財務省 (億円)

モノ・サービス他		広義資本(カネ)	
経常収支		資本収支	62,659
1. 貿易／サービス収支	△33,781	外貨準備	△137,897
2. 所得収支	140,384		
3. 経常移転収支	△11,096	誤差脱漏	△20,269
合計	95,507		△95,507

輸出・輸入額 (単位 億円)財務省

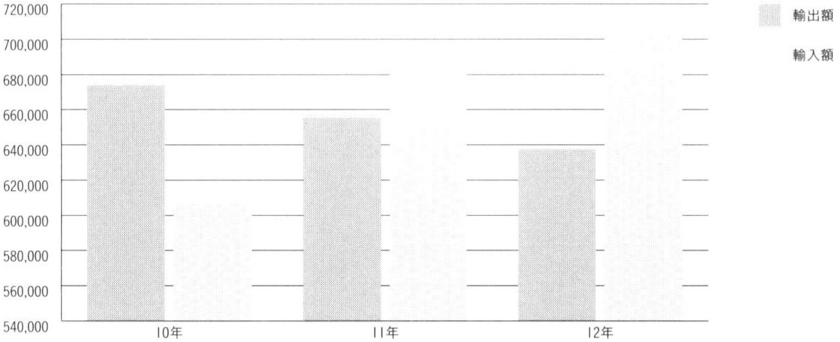

「貿易赤字、13年度も6兆円超す　日本貿易会見通し」日本経済新聞
2012年12月7日

商社の業界団体である日本貿易会は6日、2013年度の貿易収支（通関ベース）は赤字が継続するとの見通しを発表した。輸出額から輸入額を差し引いた貿易収支は6兆7900億円の赤字となり、今年度見込み（6兆8300億円の赤字）並みになるもよう。輸出が3年ぶりに増加に転じるが、液化天然ガス（LNG）の輸入が引き続き高水準で推移すると予想した。

輸出額＞輸入額、「貿易黒字の国」は過去の話で、すでに日本は、輸入超過国になっています。エネルギー政策にめどが立つまで、このままの構図が続きます。おそらく最低でも５～10年という長さで続くのではないでしょうか。

さらに、貿易収支だけではなく、それに所得収支と経常移転収支を加えた経常収支も赤字になることが予想されています。

「経常赤字、25年度16.7兆円　『双子の赤字』に　日本経済研究センター予測」日本経済新聞2012年12月７日

日本経済研究センターは６日、2025年度までの中期予測をまとめた。製造業の海外生産シフトによる輸出の伸び悩みなどで貿易赤字が拡大し、25年度には経常赤字が16.7兆円になると見込む。高齢化による社会保障費の増加で国と地方の基礎的財政収支の赤字も26.7兆円に増え、国際収支と財政収支の「双子の赤字」に陥る姿を描いている。

さて、「赤字転落？」ですから、大変なことになりそうです。ですが、今まで見てきたように、経常収支の黒字・赤字は、カネの貸し借りから生まれます。

広義資本収支黒字＝経常収支赤字
広義資本収支赤字＝経常収支黒字

2011年　（単位10億円）

S－I	＝	G－T	EX－IM
貯蓄投資差額		財政赤字	貿易赤字
国内資金余剰		政府が借りた	海外から借りた
30,976 （約31兆円）		35,259 （約35兆円）	－4,283 （約４兆円）

日本は、国内の余剰資金で、財政赤字をまかなえないことから、海外

からお金を借りています。上記はGDPをもとにした貿易赤字の分析ですが、GNPで考えれば経常収支全体はまだ黒字です。つまり、財政「赤字」と経常「黒字」です。ただ、いずれ、経常「赤字」になると予想されています。

この、日本の資本収支黒字（経常収支赤字）増というのは、世界が日本の国債や社債を買い、日本株に投資し、日本の銀行に預金した、その総額が増えたということです。

対外資産・負債残高（単位 10億円）財務省

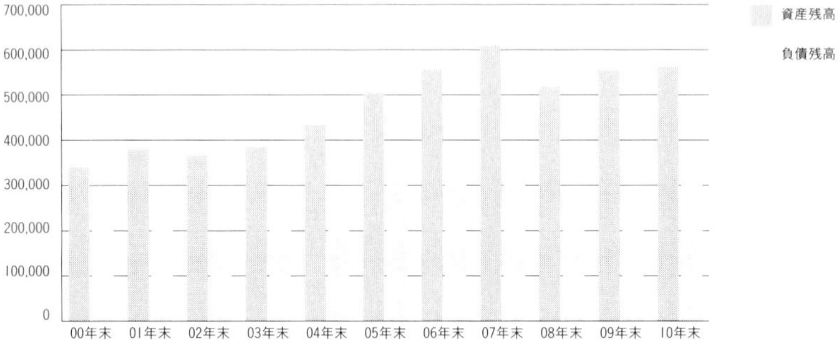

p45で見た「対外資産・負債残高」のグラフをもう一度見てみます。日本の資本収支黒字（経常収支赤字）増は、このグラフにおける「負債残高」＝「外国の持っている日本国内資産」が増えるということです（日本も、海外投資を続けていますから、日本の対外資産が減るわけではありません）。

繰り返しになりますが、これが、貿易黒字・経常黒字ということなのです。「お金を貸す（貿易黒字）と経済成長し、お金を借りる（貿易赤字）と経済衰退する」など、ありえません。「貿易黒（赤）字と、経済成長は無関係」なのです。しかも、（前に説明したように）ここでいう借金は、返さなければいけないカネという意味ではなく、海外からの投資を受け入れているだけのことにすぎません。

これらのことをふまえて、この項の冒頭の引用の中で言及されていた、長年の貿易赤字国カナダの様子を見てみましょう。

同国は、基本的に「貿易赤字」「経常赤字」の国です。ですが、１人あたりGDPでは、日本を上回る「豊かな国」になっています。

日本 カナダ経常収支 (単位 10億ドル)世界経済のネタ帳

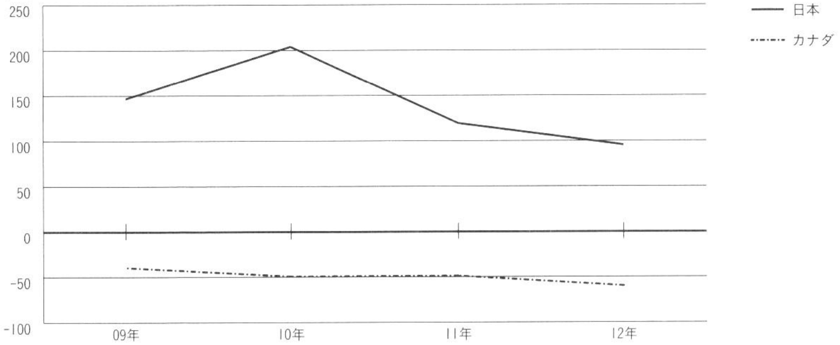

日本 カナダ一人あたりGDP (単位 ドル)世界経済のネタ帳

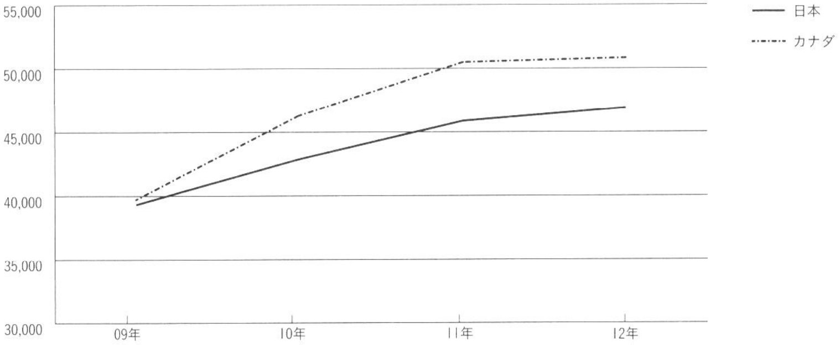

また、アメリカドルに対して、カナダドルは「強く」なっています。昔は、１カナダドルで、0.8米ドルしか買えなかったのに、今は１カナダドル＝１米ドルになっています。

貿易赤字は決して「転落」ではないのです。

カナダ・ドルの対米ドル為替相場推移　（単位 米ドル）世界経済のネタ帳

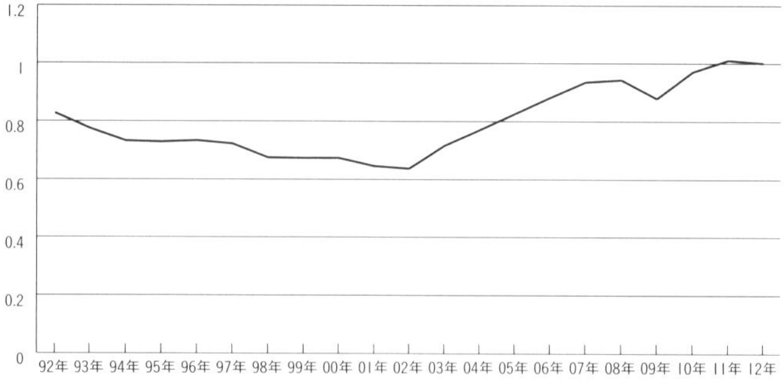

4．貿易はゼロサム・ゲームではない

『政治・経済』東京書籍（2011）p178

……競争と摩擦・対立の激しい国際環境になってきた。こうしてゼロサム・ゲームの様相を帯びてきた国際経済の中でいかに妥協点を見いだし、国際社会の一員としての役割を果たしていくかが、日本に課せられた新たな課題……

ゼロサム・ゲーム　一方が得をすれば、他方にその分の損が発生し得点の合計が常にゼロになるというゲーム理論。経済社会が限られたパイを奪い合うような状態になりつつあること。

日本人の頭の中には、この「総額は100である」というゼロサム・ゲーム思考がこびりついているようです。

どこが間違いかというと、「限られたパイを奪い合う」という点です。世界の経済は拡大しており、輸出入も増大の一途です。つまりパイは拡大し続けているのです。そのような世界の中で、「一方が得をすれば他方にその分の損失が発生し」などということが起こるはずはありません。

確かに、スーパーの棚をめぐり、あるカップめんメーカーが、他のカップめんメーカーに陳列場所を奪われた……。ある飲料水メーカーが、自動販売機のスペースを他の飲料水メーカーに奪われた……もちろん、企業の最前線では、この「勝った負けた」が繰り返されているでしょう。

間違い論やトンデモ論が出てくるのは、このミクロ（日常生活の範囲）の考え方を、マクロ（経済全体）に適用させるからです。これを合成の誤謬《ごびゅう》といいます。

日本経済新聞（2010年10月30日）「日本のお家芸でも地盤沈下」という記事では、日本のメーカーによる液晶シェアが、1995年→2000年→2005年と落ち続けていると述べられています。そうすると、「韓国などの新興国に、日本の家電メーカーも負けているんだ」となりそうです。しかし、実体は違います。

液晶 市場規模 日本メーカー売上（単位 億円）

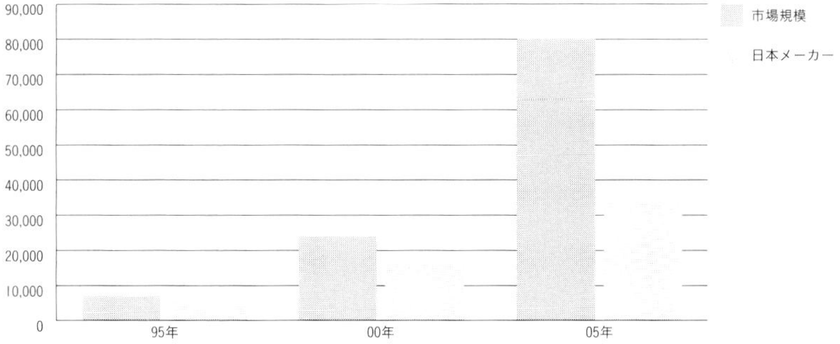

このように、日本メーカーのシェア自体は落ち込んでいます。ですが、液晶の市場規模自体が激増したので、日本メーカーの売上高も増加していたのです。また、こういう報道もあります。

「シャープ元幹部が実名で明かす　日本のテレビが韓国製に負けた『本当の理由』」現代ビジネス2012年７月17日

2011年第４四半期における薄型テレビの収益における世界シェアは、トップが韓国・サムスン電子の26.3%、次いで韓国・LG電子の13.4%。日本勢はソニーが３位の9.8%、４位パナソニック6.9%、５位シャープ5.9%なので、３社合計でサムスン１社に及ばない状況です。……急激な価格低下により多くのメーカーが赤字と言われていますが、このまま競争が進めば韓国勢だけが勝ち残り、日本メーカーは早晩市場から姿を消してしまうかも知れません。

ブランド別テレビシェア・円／ドル相場　（単位 %）数字出典 日本経済新聞 2012.11.29

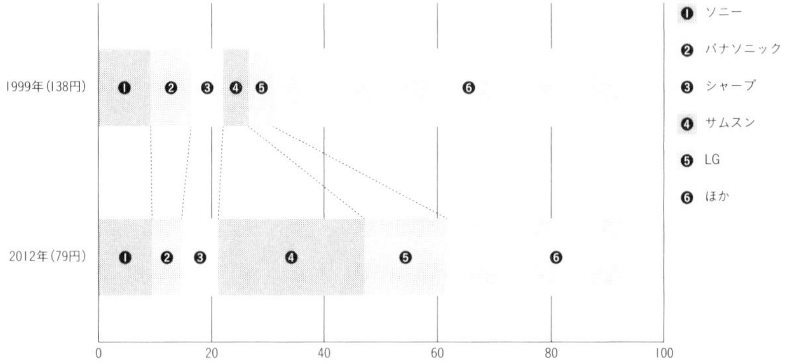

ブランド別テレビ台数・円／ドル相場 市場規模　（単位 万台）

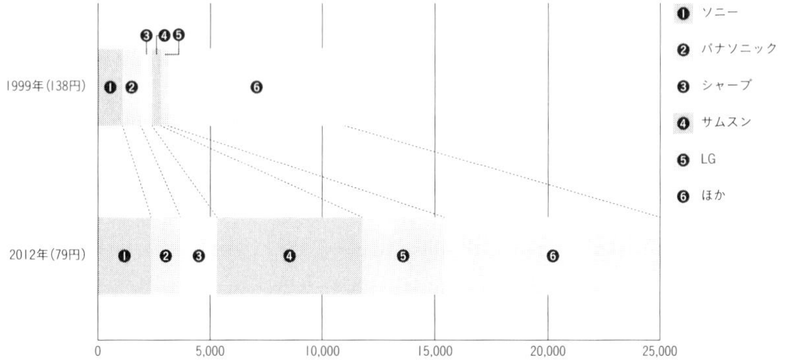

確かに、韓国勢の伸びには凄まじいものがあります。ですが、これも、テレビ自体の市場規模が拡大しているため、日本メーカーの売上台数は、伸びているのです。

パイが拡大しているかぎり、ゼロサム・ゲームというのは、ありえないのです。

さらに、ゼロサム・ゲーム思考の典型的な例に、「産業空洞化」論があります。

『政治・経済資料2010』とうほう p361

産業の空洞化…国内企業が海外直接投資を通じ海外に生産拠点を移し、国内の生産・雇用が衰退してしまう状況。……特に1980年代後半からの日本企業の海外直接投資の急増、最近の中国などへの直接投資などにより深刻化しつつある。

「国外投資額が増え、国内投資額が減れば、国内の生産も雇用も縮小する」という、考え方です。やはりこれも誤りです。世界経済規模は拡大の一途です。実際には、海外投資額と、国内投資額は連動しています。どちらかが増えれば、一方も増えており、ゼロサムの関係にはありません。また、世界に進出している企業ほど、国内雇用も増えています。

『経済財政白書』2002年度

……対外直接投資は、国内設備投資を代替し、国内における生産基盤の縮小をもたらすとの連想から、しばしば産業空洞化の象徴のように受け取られるが、実際に対外直接投資と国内設備投資の間にはどのような関係があるのだろうか。

……実際に、対外直接投資を縦軸に、国内設備投資を横軸にとってみると……国内設備投資が増加するときには対外直接投資も増加し、国内設備投資が減少するときには対外直接投資も減少するという大

まかな関係が見て取れ、両者が単純な代替関係にあるわけではないことが分かる。（第１図）

対外直接投資と国内設備投資の関係（全産業）

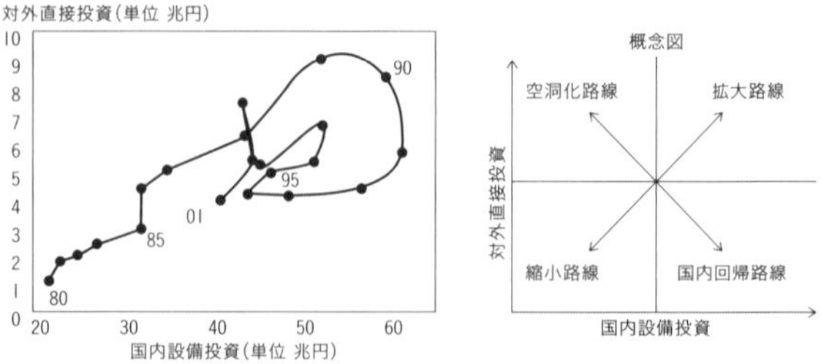

（備考）
1. 財務省「対内及び対外直接投資状況」、「法人企業統計」より作成。
2. 年度の計数。

林敏彦「『超国籍化』で日本経済強く」日本経済新聞2010年８月30日

……日本企業は製造業を中心に90年ごろから海外進出を進めてきた。……製造業全体で海外現地生産を行う企業の割合は、90年度に40.3%だったものが、09年度には67.5%に上昇……。……海外現地生産比率は、90年度の4.6%が09年度には17.8%になった。

……「雇用の輸出」論とは逆に、海外進出企業は国内の雇用にも貢献している。……経済産業省……によると、01年度に270万人程度だった現地法人雇用者数は、03年度に350万人となった。そして03年の国内の完全失業者数も350万人である。……これが「雇用が輸出された」との印象を生んだのかもしれない。

しかし……現地法人雇用者数の上昇とほぼ同じ割合で日本にある本社の売上高は上昇……。事業拡大に伴って……投資収益を確保しただけではなく、本社の売り上げの上昇も経験している。さらに、05年度から08年度にかけて、海外現法の雇用者数は436万人から452万人に増加したが、同じ期間に本社の常用雇用者数も394万人から422万人に増加している。海外現法の雇用拡大と国内本社の常用雇用者数の拡大は、ほぼ同じペースで起こっている。
……日本企業の対外進出は国内経済の空洞化をもたらすというより、国内経済の活性化に貢献していると評価できよう。

「いやいや、大企業だから、そんなに余裕があるので、中小企業は文字通り空洞化している」という声もありそうです。

ですが、一番厳しそうな、中小企業においても、海外に進出した企業ほど、国内従業員の数を増やしていることがわかります。

国内従業者数の推移(2002年度開始)　2012年『中小企業白書』

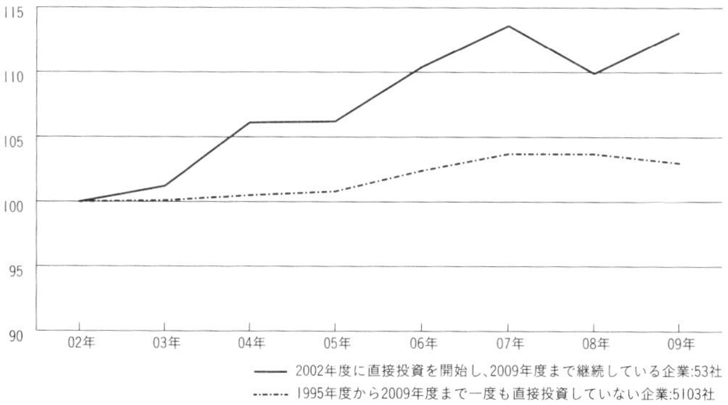

佐伯啓思『経済学の犯罪』講談社現代新書（2012）p7

今日、世界全体の成長率はおおよそ4～5％であり、(2011年は4％弱)、GDP（国内総生産）は20年前の25兆ドルから70兆ドルまで増えた。20年前にはまだ途上国であった中国、インド、ブラジル、韓国などの成長は著しく、今日おおよそ7％で成長している。

世界GDP 輸出総額 （単位 億ドル）数字出典 日本経済新聞 2009.8.16

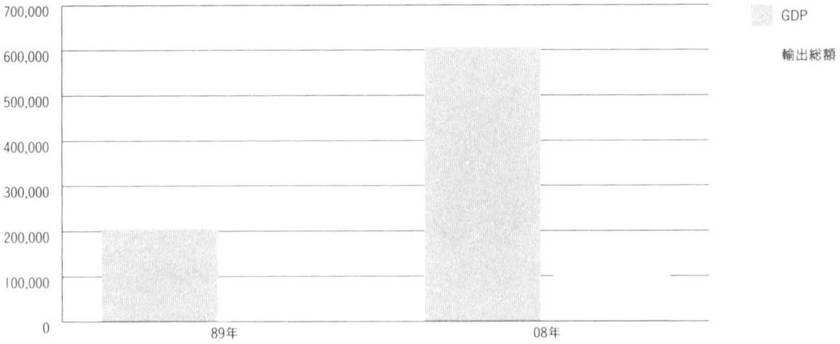

製品における業界シェアを争う「ゼロサム」というのは一見正しそうです。なぜなら、シェアの合計値が100%だからです。しかし、売上高（量）が増えていたら、どうでしょうか？　やはり、ゼロサムではありません。

余談ですが、日本のビール・ビール系飲料の出荷量は、1999年をピークに下がり続けています。20%以上も出荷量が減った業界で、「ウチの○○ビールがシェアNO.1だ！」などという競争をしているとは、考えられません。

貿易や国際経済は、麻雀（限られた点棒の奪い合い）ではないのです。

ビール・ビール系飲料出荷量 （単位 万kl）喜多常夫『日本と世界のビール業界の動向』

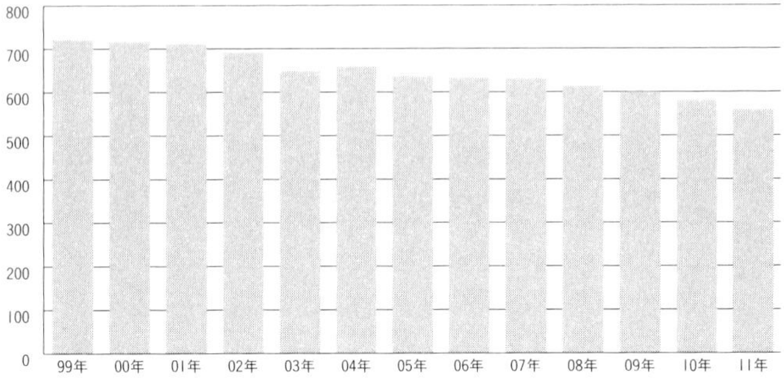

5．貿易黒（赤）字に意味はない

ポール・クルーグマン『良い経済学悪い経済学』日本経済新聞出版社（2008）p172-173

実業界でとくに一般的で根強い誤解に、おなじ業界の企業が競争しているのと同様に、国が互いに競争しているという見方がある。1817年にすでに、リカードがこの誤解を解いている。経済学入門では、貿易とは競争ではなく、相互に利益をもたらす交換であることを学生に納得させるべきである。もっと基本的な点として、輸出ではなく、輸入が貿易の目的であることを教えるべきである。

実は、国と国で区切って、輸出入を量ることに、もうあまり意味はありません。なぜなら、企業自体が多国籍化しているからです。企業の中にA国の工場、B国の工場、C国の工場を抱え、その企業内で部品のやりとりをすると、それぞれの国の輸出入にカウントされます。

資生堂が化粧品を日本国内で売れれば売れるほど、ベトナムの輸出が増え、日本の輸入が増えます。ホームセンターコメリの商品が売れれば、中国・大連市の輸出が増えます。

カジュアル衣料のユニクロは、約6000億円の国内売上高のほぼすべて、家具店ニトリは売上高3100億円の8割が輸入品です。日本人が購入すると、中国、ベトナムの輸出に貢献します。

日産[27]のマーチは月に4000台ほどが売れていますが、これはタイからの「輸入車」です。売れれば売れるほど、タイからの輸出が増え、日本

27　同社はすでにフランス企業です。日本には、ほかにもたくさんの外国企業があふれています。

の輸入が増えます。同社が発売している小型商用車「NV350キャラバン」は「内装材など総コストの2割、200超の部品が韓国製」です（日本経済新聞2012年3月1日）。

国際貿易の様子を統計化した国際収支表は、世界の資本の移動、モノ・サービスの移動を、国境で切って表示したものです。古典的貿易では、次のような関係が成立していました。

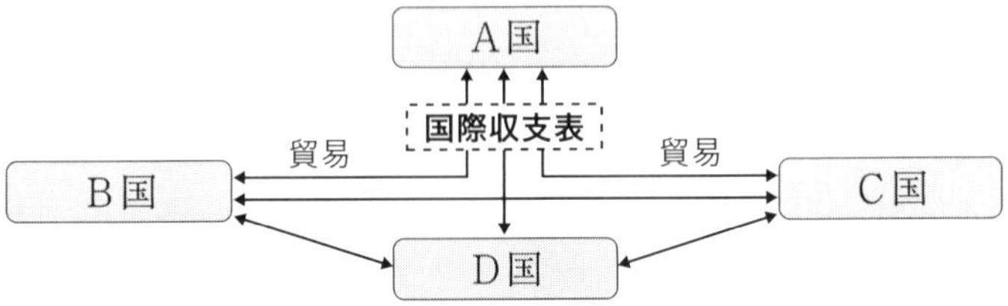

しかし、現代の貿易は、多国籍企業や国際資本によって動いています。多国籍企業は、企業の中に国家（企業内国際分業）があるようなものです。

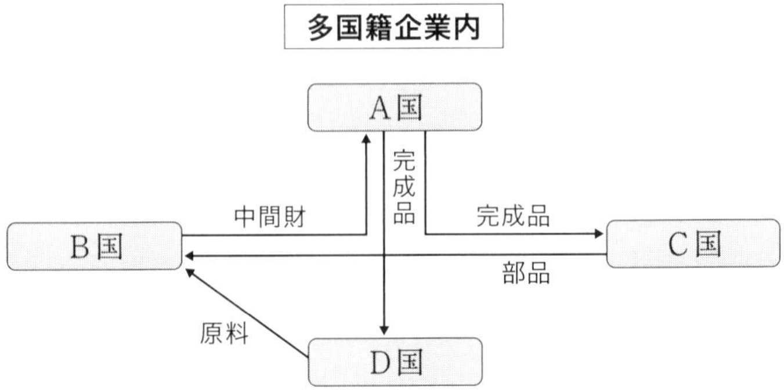

アメリカの貿易赤字の25%は、多国籍企業内貿易によるものともいわれています。2003年、多国籍企業による輸出が、アメリカ全体の輸出

の６割、輸入の４割を占め、多国籍企業内輸出がアメリカ全体の輸出の25%、輸入は同15%を占めています[28]。

アメリカの飛行機ボーイング787は、電池や炭素繊維など、その35%の部品が日本製です。それを、全日空や日本航空が購入します。

英国のジャガーも、スウェーデンのボルボも、日本のラオックスも、すでに「中国」企業です。

ソニーの全世界の従業員数は17万人で、そのうち日本人は35%しかいません。がん保険などを売るアフラックの本社は米国ジョージア州ですが、同社従業員8400人のうち51%は日本人です。しかも保険料総額の４分の３は日本で稼いでいます[29]。

多国籍企業の売上は、すでに一国のGDPを上回っています。

『最新図説政経』浜島書店（2011）p201

2009年	売上・GDP（億ドル）	雇用者・人口（万人）
ポーランド	4,306	3,807
ウォルマート・ストアーズ（アメリカ・小売）	4,082	210.0
スウェーデン	4,060	925
南アフリカ	2,860	5,011
ロイヤル・ダッチ・シェル（オランダ・石油）	2,851	10.1
エクソン・モービル（アメリカ・石油）	2,847	10.3
タイ	2,639	6,776
BP（イギリス・石油）	2,461	8.0
トヨタ自動車（日本・自動車）	2,041	32.1

日本の大手自動車の生産台数は、「国内＜国外」になっています。

28　福田邦夫、小林尚朗編『グローバリゼーションと国際貿易』大月書店（2006）p224
29　以上、朝日新聞「経済気象台」を参考にした（2012年２月８日）。

2012年度 生産台数 2013.4.24国内乗用車8社発表 速報値

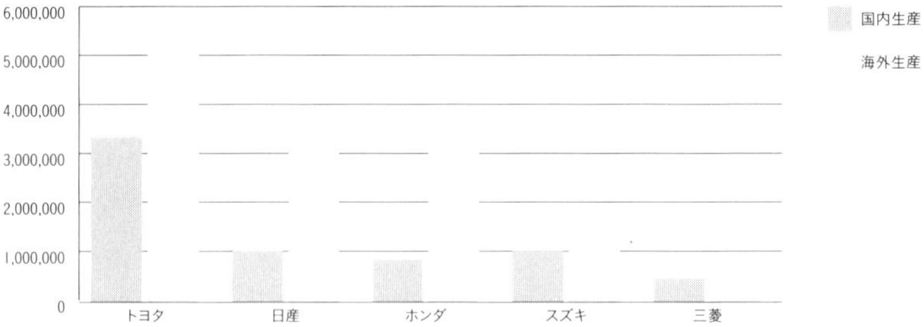

お隣の韓国で、2012年に「カー・オブ・ザ・イヤー」を受賞したトヨタ・カムリは、日本ではなく、アメリカで作られて、韓国に輸出されています。日本から韓国に輸出すると、８％の関税がかかりますが、アメリカと韓国は自由貿易協定を結んでいるので、アメリカから輸出すると関税が４％ですみます。アメリカ産日本車が、韓国国内販売車の評価でNo.1なのです。

次のグラフは、日本の輸出入に占める、「企業内貿易」の割合を示したものです[30]。

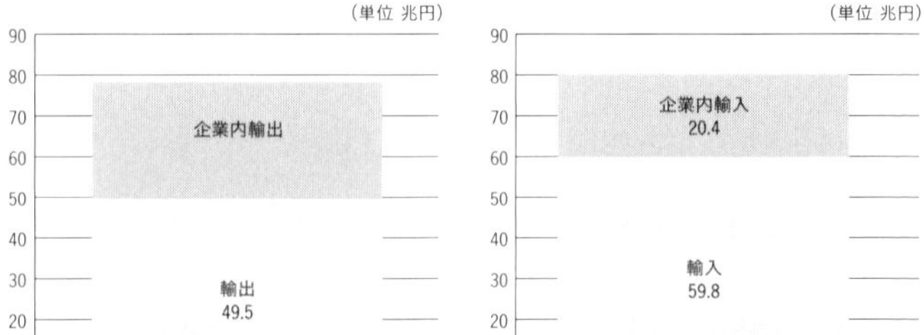

30 滝田洋一『世界経済のオセロゲーム』日経プレミアシリーズ 2011、内閣府

「外資、対日工場進出の動き」日本経済新聞2012年２月９日

外資の工場誘致件数……2011年度はすでに４件……現在交渉中の３件も含めると総投資予定額は430億円、雇用予定者総数は530人に達する見込み……。

……フランスのガラス大手サンゴバングループの断熱材メーカー、マグイゾベールは津市に……150億円を投じ……100人を雇用する予定だ。

……財務省によると……対日直接投資残高は11年３月末には17兆3190億円……。

「そこが知りたい」日本経済新聞2012年２月12日

…… NEC は昨年７月、パソコン事業をレノボ・グループと統合。中国企業の力を借りて生き残る道を選んだ。レノボ傘下……レノボが51%、NEC が49%を出資する合弁会社……新会社が発足した直後の2011年７～９月の国内シェアは20.5%と、統合前に比べ３ポイント以上伸びた。……

むしろ元気がないのは NEC 本体の方だ。１月末にはグループ社員で５千人、外部委託先を含めると１万人の削減を発表した。

「『東南ア1000億円』へ加速」日本経済新聞2013年４月25日

サントリーホールディングス（HD）は今夏、主力の飲料子会社の上場に踏み切る。調達資金で海外 M&A（合併・買収）を加速する。……株高を追い風に5000億円とみられた上場による調達資金はさらに膨らむ見通し。……サントリーHD の海外売上高比率は21%。…… 07～10年に１兆円を投じて海外比率を３割に高めたキリン HD が逆転した。

このような現状の中で、「国境」と「国境」で区切られた貿易だけに目を奪われるのは、大変危険です。ユニクロや、ニトリやIKEAが自社で輸出入しているのだけを見て、タイや、中国やベトナムが勝ったとはいえません。国は企業と違って、もともと競争の主体ではないのです。

北海道の農産物自給率は200%といわれます。一方、静岡県は17%です。北海道では、自動車は100%他県からの輸入です。静岡から、軽自動車やオートバイを輸入し、農産物を輸出しています。ファッション雑誌、マンガも、北海道では作れないので、東京からの輸入です。その結果、北海道はいつも他県との間では貿易赤字で、今後もその体質は解消できないものと予測されています。

では、北海道は負けたのでしょうか？　勝ったのでしょうか？

日本のGDPを47都道府県で区切って、輸出入額の大小で勝ち負けを論ずることに意味がないのと同様、世界全体のGDPを、197カ国で区切って輸出入の額を比べることに、本当は意味はないのです。

目標とすべき指標があるとすれば、それはGDP値そのもの、かつGDPや1人あたりGDPの伸びです。GDPが伸びる＝給与所得が伸びるということだからです。輸出入は、それに伴って必ず拡大するのです。

ここまでお読みになったみなさんは、貿易（経常）黒字・赤字の全体像が頭に入っていることと思います。そうすると、下記の記事に対して、違和感を覚えることと思います。その違和感は、みなさんが、経済学的思考（メガネ）を身につけたことによって生じたものです。「一般的な視点」と「経済学的視点」では、見方が180度違うのです。

社説「巨額貿易赤字　輸出力の強化と原発再稼働を」読売新聞2013年1月27日

「貿易立国」としての日本の土台が揺らいでいる。官民で巻き返しを図らねばならない。

輸出額から輸入額を差し引いた2012年の貿易収支は、過去最大の6.9兆円の赤字だった。第2次石油危機直後の1980年に記録した2.6

兆円を大きく上回った。

東日本大震災の影響で31年ぶりに貿易赤字に転落した一昨年と比べても2.7倍に増えた。極めて深刻な事態である。

要因は、欧州危機や中国経済減速に伴い、輸出が減少する一方、輸入が急増したことによる。……

海外への投資による配当や利子の受け取りを含めた経常黒字は続いている。だが、巨額の貿易赤字が慢性化すると、いずれ経常収支も赤字転落が懸念されよう。

「貿易立国」の立て直しにまず必要なのは、輸出拡大につながる製造業の競争力強化である。

電機業界は、薄型テレビや携帯電話市場などで韓国メーカーなどに出遅れた。成長市場である医薬・医療機器分野でも、年約３兆円の輸入超過になっている。……

貿易赤字の背景には、コスト高を回避するため、製造業が拠点を海外に移転し、国内空洞化が加速している事情がある。……

一方、輸入を減らすために最も重要なのは、安全性を確認できた原発の再稼働を急ぐことだ。火力発電に依存する状況が長期化するほど、LNG の輸入額が増えて国富が資源国に流出する。……

為替市場で超円高が是正され、円安が定着してきた。輸出企業にはプラスだが、円安が行き過ぎるとLNG などの輸入額を一段と急増させる。これにも要警戒だ。

第４章　リカードの「比較優位論」

１．貿易の拡大

「自由貿易によって、すべての国が利益を得ることができる」ことを理論付けたのが、デイヴィッド・リカード（1772～1823年）です。高校の「政治・経済」「現代社会」の教科書で、必ず取り上げられています。

デイヴィッド・リカードは、1817年に『経済学及び課税の原理』を書き、その中で「比較優位論」あるいは「比較生産費説」と呼ばれる、国際貿易の基礎理論を提示しました。

『詳説　政治・経済』山川出版社（2013）p146

19世紀のイギリスの経済学者リカードは、それぞれの国が自国内で生産費が相対的に低い財の生産に特化（専門化）し、その財を輸出し、自国での生産費が相対的に高い財を輸入することで、それぞれの国に利益がもたらされるという考え方を、比較生産費説として主張した。

なぜ、世界は、GATTから、WTOへ、そして、２国間自由貿易協定（FTA）締結と、自由貿易を拡大しているのでしょうか。それは、理論だけではなく、実際に「自由貿易によって、すべての国が利益を得ることができる」からです。

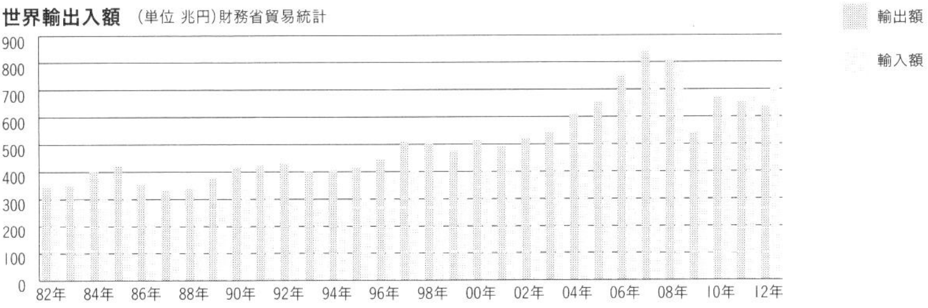

上の図のように、世界の貿易は一貫して拡大しています。すべての国々が「利益を得ることができる」ことを実感しているので、貿易は拡大の一途なのです。この「貿易の利益」を証明したのがリカードです[31]。

国際経済を語る場では、比較優位の概念は、「自明なこと」です。

竹森俊平（慶大）が、藤本隆宏（東大）と対談している本[32]から、「比較優位」という言葉が使われている部分を抜粋してみましょう。

竹森　日本は最初、エレクトロニクスに強かったけれど、それは生産技術がモジュラー化（筆者注：部品を組み合わせて作る生産方式）していくので、比較優位を低コストの新興国に奪われる。それで結局、比較優位のあるところ、とくに自動車などに特化してきたというお話です。

31　高校教科書では、リカードの自由貿易論に対し、保護貿易論者としてF. リスト（1789-1846）「政治経済学の国民的体系」が取り上げられています。しかし、リストは、大学の経済学部では、ほとんど扱われていない人物です。保護貿易は論ずるに値しないのです。経済学者は、保護貿易政策には必ずといってよいほど反対します。

32　竹森俊平『経済危機は９つの顔を持つ』日経 BP 社（2009）p252-275

藤本　日本のものづくり現場は、概してインテグラル・アーキテクチャーの製品において比較優位があると言っていいでしょう。

藤本　今回、グローバル投機経済はやっぱりだめだとなりましたが、長い目で見れば、実体経済のグローバル化の流れは変わらないと思います。そうなれば、リカード的な意味での比較優位が貫徹する。つまり、生産性の対外的な相対比の高い現場が勝ちやすいということです。

竹森　結局は比較優位の問題なんです。マーケットが広がっていく中で、ムダなものというか、ダメなものが落ちていく。すると日本の強みは擦り合わせにあるということですね

ところが、このリカードの比較優位論ほど、間違って理解されているものはありません。中には、全否定する人もいるくらいです。

ですが、この理論は、経済学上最大の発見で、誰一人反証できない、古典理論なのです。

ポール・クルーグマン他『クルーグマンの国際経済学㊤』山本章子訳、ピアソン桐原（2010）p35

比較優位そのものは単純な概念だが、多くの人々にとっては理解するのが（あるいは受け入れるのが）驚くほど困難な概念であることはこれまでの経験が示している。……国際貿易のモデルの構築に多大な貢献をしたノーベル賞経済学者のポール・サミュエルソンもこう述べている。「比較優位は、経済原則として否定しようのない事実であるにもかかわらず、賢明なる諸氏でさえ完全に納得しているわけではないものとして、自分が承知しているなかで最も典型的な例である。」

櫨浩一『日本経済が何をやってもダメな本当の理由』日本経済新聞出版社（2011年）p109-110

……比較優位の理論ほど実社会では誤解されたり、無視されたりしているものも少ない。高名な経済人が、比較優位についてとんでもない間違いをいうのを何度も聞いたことがあるし、貿易の話になると、国際分業という発想はすっかりどこかに飛んでいってしまい、何でも国内で生産して海外に売った方がよいと考える人が多いのだ。

中北徹『エコノミクス　入門　国際経済』ダイヤモンド社（2005）p2

……第一線のエコノミスト、あるいは、経済学者でさえ、しばしば、この比較優位の原理の意味を、絶対優位ととりちがえて議論しがちです。あえていえば、この理論を正しく理解することが、国際経済学のすべての出発点になります。

これほど、重要なのに、これほど誤解されている理論もありません。

ですが、これを理解しないと「貿易は勝ち負け」「輸出を伸ばし、輸入を抑えれば利益が出る」とうトンデモ貿易論に一直線です。

では、この「比較優位」という言葉の意味について、少しずつ解明していきましょう。

２．日常生活は貿易

貿易を英語にしたtradeとは、交換のことです。比較優位論は、「貿易はなぜ必要なのか」に答える理論です。「貿易（交換）」を、私たちは毎日、無意識に行っています。そもそも、われわれの日常生活そのものが貿易なのです。

リカード理論は「特化し交換すれば、利益を生む」でした。簡単にいえば、自給自足よりも交換（貿易）の方が優れているということです。貿易（交換）がなければ、われわれは、衣食住すべてを自給自足しなければなりません。

家を建てるとしましょう。工務店の大工さんが、3カ月で家を建てる契約を請け負いました。大工さんは、さっそく、左官屋さん、排水工事店、畳店、ガラス店、配電屋さんに仕事を依頼します。なぜ、さまざまな職種に仕事を依頼するのでしょう？　それは直感的にもわかります。大工さんは、やろうと思えば、左官工事も、畳づくりもできますが、明らかに非効率です。とても3カ月では家を建てられません。

自給自足より、分業の方が、効率が良いのは明らかです。今日私たちが、映画を楽しみ、外食し、携帯電話を使い、クルマに乗れるのも、この「社会的分業」を、私たちが実践してきたからです。

私たちは、「塾の先生」「銀行員」「パン屋」「ガソリンスタンド店員」「農家」「衣料品店」などの仕事に特化しています。それぞれ、20万円という給料をもらったとします。

「塾の先生」は、20万円という「サービス」を生産したことになります。
「農家」は米という「モノ」20万円を生産したことになります。

その後、われわれは、この生産費の中から、電気、ガス、水道代、アパート代、食費、ガソリン代などを支払います。自分が20万円分生産し、20万円分購入（貯蓄は別に考えましょう）するのです。これが「交換」です。

一日の労働時間が8時間として、その労働を、電気、ガス、水道、住居、食費、ガソリンなどを生み出すために振り分け、自給自足したら……それは非効率ですし、そもそも不可能です。

これが、「塾の先生」と、「そのほかの労働者」間の交換なのです。つまり、われわれの日常生活そのものが、「貿易」です。自給自足するよりも、明らかに、豊かな消費生活になっていることが、わかると思います。

アルバイトでも同じです。時給が高い、労働時間が適切、内容が自分に合っているなど一番自分にとって都合がよいバイトに特化し（学生にとって、体と時間は一つしかないので、どれか一つのバイトを選ばざるをえません[33]）、そこで１万円を生産し、その１万円で消費します。

同時に、「なぜ働くか」の理由の一つが、ここにあります。私たちが働くのは、「消費」のためです。生活（消費）するために働きます（生産）。生産するために消費するのではありません。この点は重要なことです。

企業と企業の取引も貿易です。トヨタ自動車が車を生産します。トヨタはそれを売ったお金で、会社で必要な紙、ボールペン、パソコン、印刷機、机、照明器具、電気などを、購入（貿易＝交換）します。もちろん、それらの財をトヨタで生産してもよいのですが、明らかに非効率です。

「エチレン国内生産撤退、住友化学、高機能品に特化」日本経済新聞 2013年２月１日

住友化学は石化製品の基礎原料であるエチレンの国内生産から事実上、撤退する……住友化学はサウジアラビア……で……年産130万トン……の大型エチレン工場を合弁で運営している。サウジでは1000億円を投じ、16年に能力を２割増強することを決めた。今後、国内は高機能品の生産と技術開発に特化する。

これも、比較優位論に基づく話です。その企業の中で、「得意分野に

33　あれかこれか、どちらかを選んだ場合、そのほかを捨てなければならないことを、経済学では、トレード・オフの関係といいます。学生なら「勉強する時間にあてるか、アルバイトをするか」、「食事代にあてるか、本代にするか」といったことです。経済学では、人生は選択（トレード・オフ）の連続だと考えます。

資源と資本を集中する」のがポイントです。これは、どこの企業でも当たり前に行われていることです。

このように、企業間の取引も、企業内での事業の選択と集中も、どちらも比較優位論に基づいているのです。いずれも、「時間と、体（従業員）と、資本（カネ）を得意分野に集中させる」ことで、最大の効率を追求しています。

3．得意分野に特化

では、われわれは、どんな仕事に特化するでしょうか。

「塾の先生」は、「パン」も作ろうと思えば作れます。ですが、「塾の先生」は、「塾の先生」の仕事に特化し、8時間「20人分」の授業をこなした方が、下手で、おいしくない「1個のパン作り」に2時間かけるよりも、生産性が高いといえます。

パン屋さんも、8時間に「100人分」のパンを作った方が、自分の子どもに2時間数学を教えるよりも、生産性が高くなります。

ポール・サミュエルソンという経済学者は、このことを「弁護士と秘書」の例で話します[34]。その町で一番有能なA弁護士が、タイプを打つのも一番上手だった場合です。秘書は、両方の仕事（弁護士・タイプの仕事）において、A弁護士よりも不得意で遅い。それでも、弁護士が「秘書の仕事をする」とはならないことがわかると思います。この場合、弁護士は、弁護士の仕事に特化し、タイプは秘書に任せるはずです。その方が、弁護士の仕事も、タイプの仕事も効率よく生産できます。

34　1915-2009。ケインズ経済学を発展させた。その経済学教科書は、世界的ベストセラー。『経済学（第11版）　下巻』岩波書店（1981）

もっと身近な例で考えてみます。お母さんは、アイロンがけも、洗濯物たたみも、９歳の娘より早くできます。９歳の娘はアイロンがけも洗濯物たたみも、お母さんより圧倒的に遅いのですが、どちらかというと、洗濯物たたみの方が早くできます。

生産性（早く終わらす）を考えたら、お母さんがアイロンがけに特化し、娘が洗濯物をたたんだ方が、お母さんも娘もアイロンがけをし、洗濯物をたたむよりも、早く終わります。さらに、アイロンがけをすべてしたあと、お母さんも洗濯物たたみに加わると、もっと早く終わります。

比較優位論というのは、このような「効率追求」のことで、われわれが、いつもやっていることです。

今挙げた例でいけば、弁護士も、お母さんも、何をやっても、秘書や、９歳の娘よりも、早いし、得意だし、効率よくできます。これを、「絶対優位」といいます。

一方、秘書や、９歳の娘は、何をやっても、不得意です。これを「絶対劣位」といいます。

医者にでも、弁護士にでもなれる優秀なＡ君がいます。世間的には、「絶対優位」ですね。しかし、Ａ君には、時間という制約があります。医者と弁護士の両方の仕事ができるわけではありません。

一方のＢ君です。彼は、勉強よりも体を動かすことが好きです（勉強面から見たら、「絶対劣位」です）。彼は、体を使う仕事のうち、プロレスラーを選びました。鉄筋工という選択肢もあったのですが、人に使われるより、自分の実力で収入を得る道を選んだようです。

このように、世間的に年収の高い仕事であれ、体を張った仕事であれ、それぞれの人が、それぞれの道で特化し、働くことができるのです。「絶対優位」も、「絶対劣位」も、関係ありません。すべての人が、得意な仕事に特化し、稼いだお金で消費し、生活を営みます。

アルバイトでさえ、同時間には、一つの仕事しかできません。みな、「特化」しているのです。

4．比較優位論は、単純かつ難解

リカードの比較優位論を一言でいうと、「特化前は、生産量≧消費量だったものが、特化後は生産量＜消費量となり、消費者効用が増大する」となります。

ここが理解できれば、まさに「目から鱗《うろこ》」です。これほど鮮やかに、貿易（交換）の利益を証明した理論はありません。しかも、もっとも単純なだけに、崩しようがありません。

N・グレゴリー・マンキュー『マンキュー経済学　第２版』　東洋経済新報社（2005）p79-80

貿易の利益に関する……リカードの結論は、時代を超えて支持されてきた。政策問題に関して経済学者の意見は分裂しがちであるが、自由貿易支持に関してはまとまるのである。そのうえ、自由貿易を支持する議論の中核は、この２世紀もの間ほとんど変化していない。……リカードの時代と比べると経済学の範囲は広がり、理論は洗練されてきたが、貿易規制に対する経済学者の反対意見は基本的には比較優位の原理に基づいたままである。

この交換（社会的分業）の利益を、説いたのが、アダム・スミスです。

『2012　新政治・経済資料』実教出版　p190

アダム・スミスは、富は国民のあらゆる活動の生産物であるとし、その富の増大をピン製造を例にとって「分業」に求めた。個人の利己心に基づく利益追求の行動が、神の「見えざる手」による社会全体の利益と発展に通じるとした。

アダム・スミス『国富論（下）』山岡洋一訳、日本経済新聞出版社（2007）p32-33

賢明な家長なら、買う方が安くつくものは自分の家で作らないようにするのが当然である。仕立て屋は靴を自分で作ろうとせず、靴屋で買う。靴屋は服を自分で作ろうとせず、仕立て屋に注文する。農民は靴も服も自分では作らず、それぞれの職人に注文する。みな、近隣の人たちより多少とも優位に立っている仕事に専念し、生産物の一部かその対価で、必要とするものを買うのが自分の利益になることを知っている。……自国で生産するより安い価格で外国から買える商品があれば、自国の労働は自国が多少とも優位にある産業に投じ、自国の生産物の一部でその商品を外国から買う方がいい。

このアダム・スミスの交換論は基本的に正しく、間違ってはいません。靴屋は靴屋、仕立て屋は仕立て屋、農民は農民、それぞれ優位にあるものに特化して交換する……。ただし、この交換論は絶対優位に基づくものです。貿易相手国より安く生産できるものに特化して互いに交換することが利益をもたらす、というこの考え方に立つと、「日本は中国に安さでかなわない」「日本と中国は競争をしている」「日本は負ける」という思想にまっしぐらです。

あるいは「あらゆる分野で生産技術の劣っている国（絶対劣位国）が、優れている国（絶対優位）と貿易をしても、経済的に損害をこうむる。貧しい発展途上国は、日本のような先進国と交換しても、利益はない」という主張もそうです。TPPをめぐる反対意見の典型でもあります。

この、絶対優位に基づく誤解は、「相手国」と「自国」を比べて「優位だ、劣位だ」といっていることにあります。

農民のＡさんは土地を持っている。服屋のＢさんは美的センスがある。

靴屋のCさんは繊細な仕事ができる。だから、Aさん、Bさん、Cさんは、それぞれ「靴・服・食糧」を自給せず、「近隣の人たちより、多少とも優位に立っている仕事に専念し、生産物の一部かその対価で、必要とするものを買うのが自分の利益になる」と理解して、交換する……。Aさんは、「土地」について、Bさんに比べて絶対優位です。

このような絶対優位の観点から国際貿易を考えると、経済規模の似ている先進国どうし、あるいは発展途上国は発展途上国どうしで貿易すべきで、先進国と発展途上国ではそもそも貿易にならない、交換の利益は生じない、と思いがちです。

リカードは、アダム・スミスの「絶対優位」に対して、「いいえ、そうではありません、あらゆる産業において絶対劣位の発展途上国でも、利益が出ますよ」といったのです。

日本と中国を例にとりましょう。中国のGDPは、2010年に日本を抜き、世界第2位の経済大国になりました。比較対象としては十分です。

中国の1980年当時のGDPは、日本の5分の1です。

当時は中国からすると、日本は体重5倍の大人でした。日本の産業と比較するもなにも、あらゆる産業で負けていました（絶対劣位）。

日本はなにせ絶対優位です。繊維産業だろうが、自動車産業だろうが、圧倒的に中国より強大でした。

そして1980年頃から、中国は繊維産業のような、労働集約的産業（人海戦術）に特化しました。しかしそれは「日本に勝つため」ではありません。中国は「中国国内で比較優位な産業」に特化しただけなのです。そして、それによって生産したものを交換することによって、利益を得ていたのです。

貿易（交換）は、どんな小さな国でも、利益を得ることができるのです。「勝ち負け」はないのです。

日本の1950年代と、アメリカの黄金期1950年代も同じです。

当時の日本にとって、アメリカは背伸びしても届かないくらいの超大

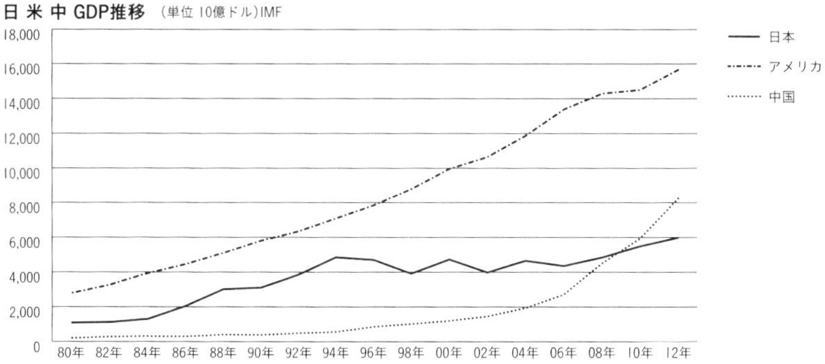

日 米 中 GDP推移 （単位 10億ドル）IMF

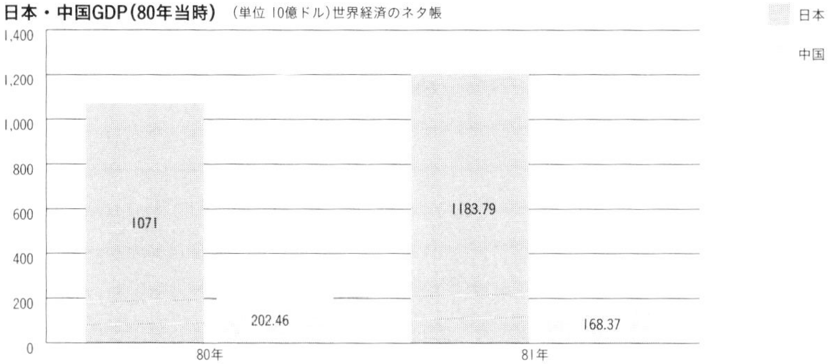

日本・中国GDP（80年当時） （単位 10億ドル）世界経済のネタ帳

国でした。日本全体では、相対的に安くつくれる船舶や鉄鋼、綿製品や水産物が主な輸出品でした。安くて粗悪な製品や、ブリキのおもちゃもアメリカに輸出していました。

1958年にはトヨタ自動車がアメリカに初めてクラウンを持ち込みましたが、出力が低く、アメリカのハイウェイではまともに走れたものではありませんでした。そんな時代ですから、アメリカの自動車産業は、世界的に「絶対優位」の立場にあり、日本車は、競争云々のレベルではありませんでした。

それでも、日本は、こつこつと輸出入を増やし続けました。このとき、輸出入額をアメリカと競っていたのではないことは自明です。

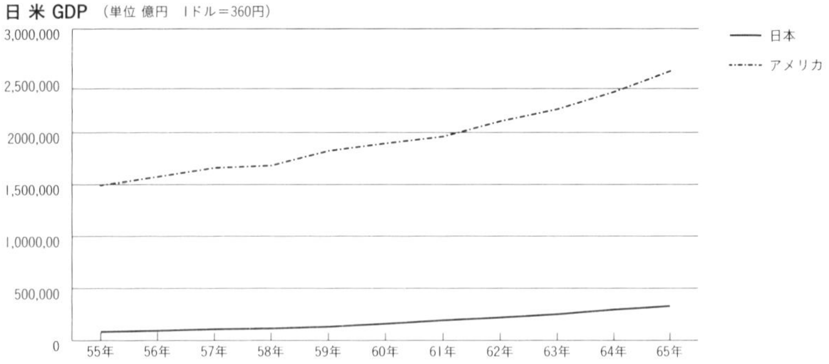

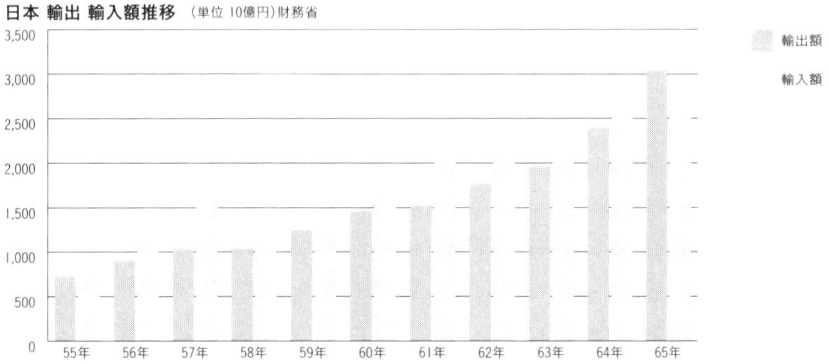

この後、日本は、高度経済成長期を迎えます。1960年代には、アメリカと繊維をめぐって貿易摩擦が生じるほどになります。

貿易は競争ではないのです。中国は、日本と競争して、この30年をかけて、世界第2位の経済大国になったのではありません。日本も、1950年代にアメリカと競争して、経済大国になったわけではありません。

ポール・クルーグマン『クルーグマン教授の経済入門』山形浩生訳、メディアワークス（1999） p41

「みんなが、『アメリカの競争力』とか言ってるのは、ありゃいったい何のことかって？　答えはだねえ、残念ながら要するにそいつら、たいがいは自分が何言ってんだか、まるっきりわかっちゃいないってことよ」

比較優位とは、相手国との競争力比較のことではなく、国内産業における「生産性」競争のことなのです。先ほどの例では、弁護士と秘書、お母さんと娘も、互いに競争しているわけではありません。もし競争があるとすれば、自分自身との競争です。

中北徹『エコノミクス　入門　国際経済』ダイヤモンド社（2005）p7

……一国経済における生産性上昇率の相対的な順位が重要なのです。したがって、比較優位にもとづく産業・貿易論の本質は“ランキング競争”であるといえます。ここに比較優位であって、絶対優位ではないと強調する意味があるのです。

こうした意味では、ある輸出産業や企業にとってのライバルが存在するとすれば、それはむしろ日本国内において台頭する、優れた商品分野であり、あるいは成長産業そのものであって、本当は海外の製品ではないのです。

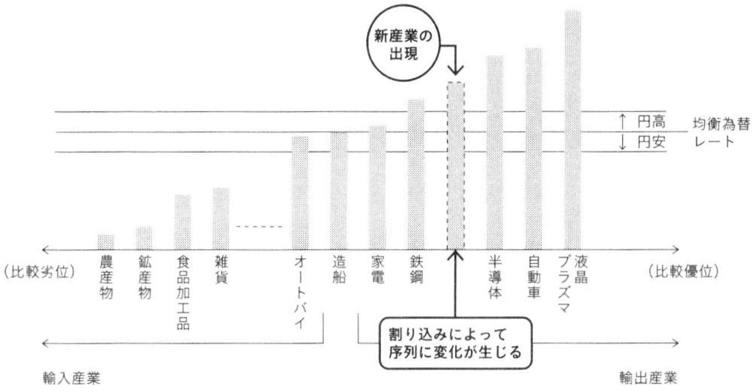

p10

応用物理の専門家である北澤宏一氏……「輸出における真のライバルは日本国内に台頭する輸出競争力により優れる他製品であり、海外の低労働コストではない」と強調しておられます。著者はこれを読んで驚嘆しました。ここに比較優位の原理の神髄を看破する日本の技術者の鋭い洞察眼が示されていたからです。

中西訓嗣『国際経済学』ミネルヴァ書房（2013）p17

私たちは“競争”を考えるときに、同じ産業における異なる企業間の競争をイメージしがちである。……たしかに、各国企業は財の販売先（需要）をめぐって同業の外国企業と競合している。他方、各企業は生産に利用するための労働力等の生産要素（資源）をめぐって国内の他産業・企業とも競争しているのである――どの産業も優れた人材や有利な資金を必要としているのであり、生産要素に対して他の産業・企業よりも有利な条件を提示できなければ生産は行えない。

国際間の企業競争の前に、国内で優秀な人材や資本（カネ）を引きつけられなければ、そもそも比較優位産業にはなれません。ライバルは国内産業なのです。

5．特化

リカードの比較優位論は、先述したように、「特化前は、生産量≧消費量だったものが、特化後は生産量＜消費量となり、消費者効用が増大する」という理論です。「その国の生産量を上回る消費ができる」、「自分が作った以上に消費できる」ことを証明した理論です。

リカードは、イギリスとポルトガルの二カ国だけ、生産される商品もワインと毛織物の二つだけの世界を仮定し、次のような表を示しました。

	ワイン１ℓ生産に用いられた労働量	毛織物１mの生産に用いられた労働量
ポルトガル	80人	90人
イギリス	120人	100人

イギリスの全労働力を、220人とします。また、ポルトガルの全労働力を170人とします。商品を生産するには、土地の広さや機械の生産力など、さまざまな要素が必要です。ワインを作るには、広い土地がある国の方が有利ですよね。また、毛織物を生産するには、たとえば優秀な機械があれば、同じ１時間でも、より多くの毛織物を生産できます。

本当は、国によってこのような違いがあるのですが、ここではその違いを無視し、それぞれの品目を特定の単位（ワインなら１リットル、毛織物なら１メートル）生産するのに必要な労働者数の違いが、生産コストを決めると仮定します。

表を見てわかるのは、ポルトガルの方が「絶対優位」の立場にあるということです。つまり、ポルトガルは圧倒的に効率よくワインも毛織物も生産できるので、貿易する必要がないように思えます。

一方、イギリスにとっても、ワインと毛織物、両方ともポルトガルよりも生産コストがかかるので、貿易しても、イギリスの商品はポルトガルでは売れないということになってしまいます。ここではイギリスは「小国」、ポルトガルは「大国」なのです。

ところが、リカードによれば、ポルトガル（大国）、イギリス（小国）ともに、「貿易をすれば、必ず利益がもたらされる」のです。ポルトガルは安い商品を生産できるのだからともかくとして、イギリスにはどうして利益がもたらされるのでしょうか。

ここで、計算を簡単にするために、表の数値を変えます。ただし、数字の大きさを変えるだけで、表の本質（たとえば、ポルトガルの方が「絶対優位」にあるなど）は変わりません。

	ワイン1ℓ生産に用いられた労働量	毛織物1mの生産に用いられた労働量
ポルトガル	1人	2人
イギリス	5人	4人

表を見ると、イギリスはどちらの商品を作るにしても、労働量では不利なのですが、その不利の具合は、ワインと毛織物では差があるのです。イギリスでは毛織物1メートルを生産するために4人の労働量、すなわちワイン1リットル生産に必要な5人の0.8倍の労働量が必要です。

ポルトガルでは、毛織物1メートルを生産するために2人の労働量、すなわちワイン1リットル生産に必要な1人の、2倍の労働量を投入しなければなりません。つまり、ポルトガルでは毛織物生産にはワイン生産の2倍の労働量がかかりますが、イギリスでは0.8倍の労働量ですむということです。比較すると、毛織物生産では、その生産性において、イギリスの方がより優位です（0.8：2）。

逆にポルトガルの場合、ワイン1リットル生産に必要な労働量は毛織物1メートル生産に用いられた労働量の0.5倍（1÷2＝0.5）ですみ、イギリスの場合は、1.25倍（5÷4＝1.25）かかります。比較すると、ワイン生産では、その生産性において、ポルトガルの方がより優位です（0.5：1.25）。ここまでをまとめるとこうなります。

・イギリスは、毛織物生産で比較優位にある＝得意である
・ポルトガルは、ワイン生産で比較優位にある＝得意である

では、両国が、自国がより得意とする商品の生産に特化すると、どのようになるのでしょうか。両国の生産量について見てみましょう。

	ワイン労働者	毛織物労働者	ワイン生産量	毛織物生産量
ポルトガル	1人	2人	1ℓ	1m
イギリス	5人	4人	1ℓ	1m

特化前に生産している量は、ポルトガルがワイン1リットル、毛織物1メートルです。同じくイギリスがワイン1リットル、毛織物1メートル、両国合わせた生産量は、ワイン2リットル、毛織物2メートルになります。続いて、両国が得意とする商品の生産に特化します。イギリスは毛織物生産が得意（比較優位）、ポルトガルはワイン生産が得意（比較優位）でしたので、国のすべての労働力をそれぞれの得意な商品の生産に振り向けます。ポルトガルは、ワイン1リットルを1人で作っていますので、毛織物を生産している2人を、ワイン作りに振り向けると、3人で合計3リットルのワインが作れることになります。

一方、イギリスは、毛織物1メートルを4人で作っています。1人あたり0.25メートルの生産量です。そこに、ワインを作っている5人の労働力を振り向けます。すると、全部で9人の労働者が毛織物作りをすることになります。このとき9人×0.25メートルで、合計2.25メートルの毛織物が作れることになります。

	ワイン労働者	毛織物労働者	ワイン生産量	毛織物生産量
ポルトガル	3人	—	3ℓ	—
イギリス	—	9人	—	2.25m

特化前よりも世界全体の生産量が増えている！

このように、両国が得意とする商品の生産に特化すると、世界全体の生産量が増えるのです。

(1) 「貿易の利益」の証明

次に、両国の消費者にとって、どのようなメリットがあるのかを考えます。実は、リカードの比較優位論で一番大切なのは、消費者側の視点です。ここからは、需要（消費者）側から分析します。

では、あらためて表を検証してみましょう。特化前の両国の生産量は次の通りでした。

	ワイン労働者	毛織物労働者	ワイン生産量	毛織物生産量
ポルトガル	1人	2人	1 ℓ	1 m
イギリス	5人	4人	1 ℓ	1 m

これをグラフにすると以下のようになります。

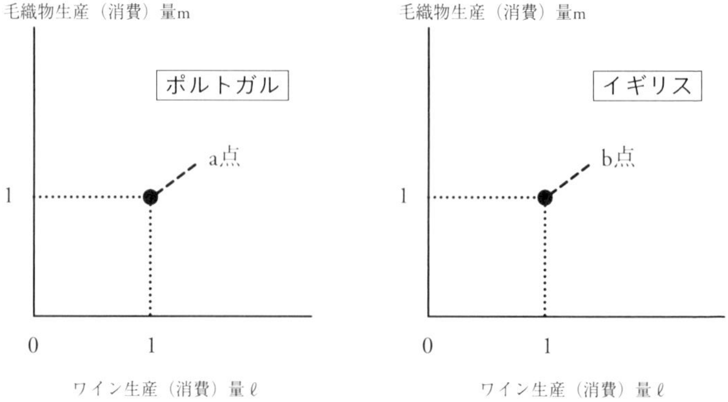

両国はそれぞれワイン1リットルと毛織物1メートルを生産していますので、図のa点がポルトガルの生産量、そして図のb点がイギリスの生産量になります。このたった一つの点が、両国の生産の選択肢であり、

同時に両国民の消費量でもあるのです。見るからにきゅうくつですね。

実は両国は、自由に労働力を動かせるのです。すべての労働力をどちらか一方の商品の生産に振り向けるというのはその極端な例です。毛織物作りに専念すれば、ワインの生産量は０です。逆に、ワイン作りに専念すれば、毛織物の生産量は０になります。このように得意分野の生産に、すべての労働力を投入することを、特化といいましたね。労働力を極端に振り向けた場合、次のようになります。

ポルトガルの場合

	労働者	労働者	生産量	生産量
ワイン	３人	—	３ℓ	—
毛織物	—	３人	—	1.5m

イギリスの場合

	労働者	労働者	生産量	生産量
ワイン	９人	—	1.8ℓ	—
毛織物	—	９人	—	2.25m

この表を、グラフであらわしてみましょう。

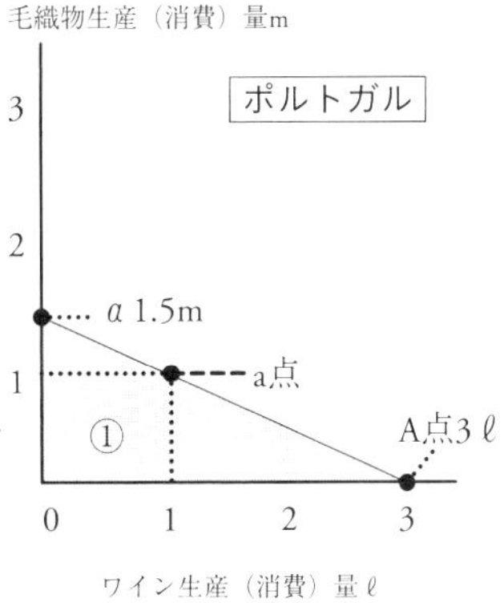

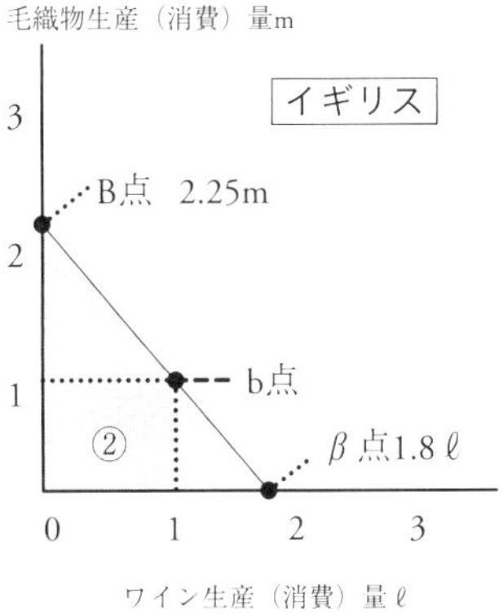

三角形で示された①と②の部分は、両国の生産可能領域（生産フロンティア）を示し、斜辺部分が両国の最大生産量です。ポルトガルの場合は、すべての労働者をワイン作りに専念させると（特化）、3リットル生産でき、逆に不得意な毛織物にすべての労働者を振り向けると、1.5メートル生産できます。線分αAの内側なら、どこでも選択することができます。a点は、ワイン1リットルと毛織物1メートルを生産した場合です。A点は、もっとも生産が得意な商品（比較優位）のワイン作りに、すべての労働者を振り向けた場合です。同様に、イギリスにおけるB点は、もっとも生産が得意な商品（比較優位）の毛織物作りに、すべての労働者を振り向けた場合を示します。線分βBのうち、b点は、ワイン1リットルと毛織物1メートルを生産した場合です。

ここで重要なことは、まだ両国で貿易をしていないので、この生産量は、同時に両国の消費量ということです。つまり、自給自足の場合生産量≧消費量、これが両国にとって越えられない壁です。生産量以上に、消費はできないのです。三角形①が、ポルトガルの消費量域であり、三角形②が、イギリスの消費量域なのです。

貿易前は、生産量≧消費量で、生産量以上に消費はできない

では、次に両国が貿易をした場合を検証してみましょう。得意な商品の生産に特化します。

	ワイン生産量	毛織物生産量
ポルトガル	3ℓ	—
イギリス	—	2.25m
世界全体	3ℓ	2.25m

両国が特化した場合は、ポルトガルなら、ワインの生産量が3リットルのA点、イギリスなら毛織物の生産量が、2.25メートルのB点となり

ます。ポルトガルは、3リットルのワインを、イギリスの毛織物2.25メートルと交換（売買）します。これが貿易です。同じように、イギリスも毛織物2.25メートルと、3リットルのワインを交換（売買）します。それぞれの、貿易のパターン（どのような割合で交換するか）は、A点と、B点を結ぶ線で示すことができます。

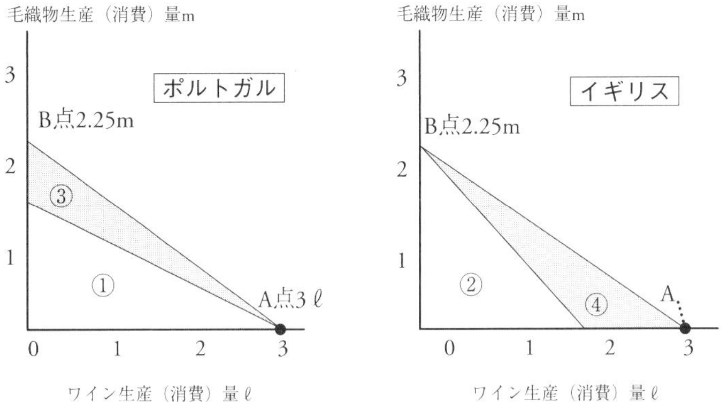

両国は、貿易により、線分AB上のあらゆる点を選ぶことができます。三角形が大きくなっていることは、一目瞭然です。これは、実質所得が増え、商品購入の選択肢が拡大したことを示しています。

しかも、生産量はそれぞれ三角形①・②で示した部分です。貿易前は、生産量≧消費量で、三角形①・②が両国の、最大の消費量でした。ところが、貿易すると、三角形③・④の部分も消費できるのです。この三角形③・④部分は、貿易をする前は、両国の国民が、絶対に手に入れることができない部分でした。それが、貿易をすることにより消費可能となるのです。つまり、生産量＜消費量となったのです。

三角形が大きくなり、実質所得が増え、商品購入の選択肢が拡大する――リカードが、「貿易をすれば、必ず利益がもたらされる」といったのは、そういうことだったのです。そして、これが、「自由貿易によって、すべての国が利益を得ることができる」という理論の一番大切なところです。貿易の目的は「もうける」ことではなく、「豊かに消費する」ことなのです。

興味があれば、リカードのオリジナルの数値（p117）でも検証してみてください。

ポール・クルーグマン『良い経済学悪い経済学』山岡洋一訳、日本経済新聞出版社（2008）p172-173

実業界でとくに一般的で根強い誤解に、おなじ業界の企業が競争しているのと同様に、国が互いに競争しているという見方がある。1817年にすでに、リカードがこの誤解を解いている。経済学入門では、貿易とは競争ではなく、相互に利益をもたらす交換であることを学生に納得させるべきである。もっと基本的な点として、輸出ではなく、輸入が貿易の目的であることを教えるべきである。

(2)　絶対優位と比較優位

N・グレゴリー・マンキュー『マンキュー経済学』東洋経済新報社（2008）p18-19

第８原理：一国の生活水準は、財・サービスの生産能力に依存している

　世界全体を見渡したとき、生活水準の格差には圧倒されるものがある。2000年のアメリカ人の平均所得は約３万4100ドルであった。……ナイジェリア人の平均所得は800ドルであった。平均所得に表れたこの大きな格差が、生活の質を測るさまざまな尺度に反映されているといっても驚くにあたらないだろう。

……国や時代の違いによって生活水準に大きな格差や変化があるの

はなぜだろうか。その答えは驚くほど簡単である。生活水準の格差や変化のほとんどは、各国の生産性の相違によって説明できる。生産性とは、１人の労働者が１時間当たりに生産する財・サービスの量である。労働者の１時間当たりの生産量が多い国では、ほとんどの人々が高い生活水準を享受している。労働者の生産性が低い国々では、ほとんどの人がもっとも低い生活水準を甘受しなければならない。同様に、一国の生産性の成長率は、平均所得の成長率を決定する。

……アメリカの所得が1970年代と1980年代に低成長だったのは、日本をはじめとする外国との競争のせいであると主張する評論家たちがいる。しかし、本当の悪者は海外との競争ではなく、アメリカ国内における生産性の成長率の低下なのである。

比較優位論の前では、「どちらの国が絶対優位にあったか」ということすら、忘れてしまいます。先の例で、みなさんは、ポルトガルがワイン生産でも、毛織物生産でも、絶対優位（先進国）にあったことを覚えていますか？　逆にイギリスはどちらも絶対劣位（発展途上国）にありました。しかし、それぞれの得意分野に特化した結果、両国の国民は消費者として、確実に利益を得ています。

これは、「生産性」ということについて論じているのです。比較優位論によれば、「貿易利益は、各国の絶対的な生産性とは無関係」ということになります。

生産性とは、比較優位論の場合は、労働生産性すなわち効率のことです。ポルトガルは、１人で１リットルのワインを作りますが、イギリスでは、５人でようやく１リットルを作るのです。イギリスの場合、明らかに生産性はポルトガルより低いのです。それでも、イギリスには「利益がもたらされる」結果になりました。

比較優位論では、各国の労働生産性の絶対的な違いは、貿易利益とは関係ないのです。ということは、ものすごく効率の悪い国（発展途上国）が商品を作っても、貿易すれば、利益が上がるということです。

本当でしょうか。数値を変えてみます。信じられないくらい、効率の悪い＝むだな仕事をしている国を想定してみましょう。

	ワイン労働者	毛織物労働者	ワイン生産量	毛織物生産量
ポルトガル	1人	2人	1 ℓ	1 m
イギリス	2000人	1000人	1 ℓ	1 m

この場合、イギリスの労働生産性の低さは致命的です。「どうしてこの国は、こんなに生産性が低いのでしょう！」誰もが怒りだしそうです。しかし、これでも、イギリスには「利益がもたらされる」のです。では、特化してみましょう。

	ワイン労働者	毛織物労働者	ワイン生産量	毛織物生産量
ポルトガル	3人	—	3 ℓ	—
イギリス	—	3000人	—	3 m

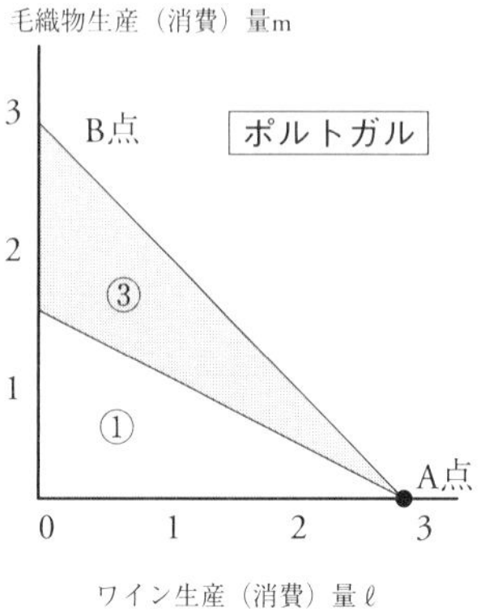

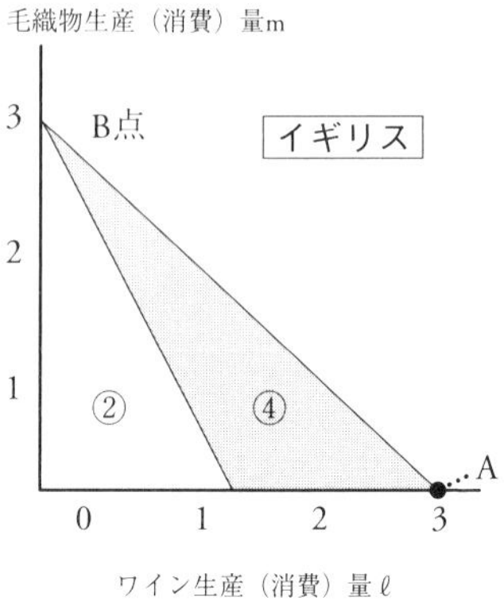

どうでしょうか。三角形が大きくなっています。生産量はそれぞれ三角形①・②で示した部分です。それに加え、③・④部分の面積が大きくなっています。生産量＜消費量が成立しています。労働生産性が極端に低い国でも、貿易の利益を得ることができるのです。

ということは、発展途上国が、「私たちの国は、先進国に比べて、テレビを作っても、自転車を作っても、生産性が低い。だから我が国の生産性が上がるまで、先進国との貿易（輸入）は制限しよう」という、本当によくありそうな話が、経済学的には誤りだということになります[35]。

	テレビ１単位生産に必要な労働量	自転車１単位生産に必要な労働量
日本	80人	90人
発展途上国	1200人	1000人

ですから、このような表の場合であっても、日本にも、発展途上国にも、必ず利益がもたらされるのです。「自由貿易によって、すべての国が利益を得ることができる」のが、比較優位論なのです。

中島隆信「社会的弱者に雇用の場を」日本経済新聞2010年５月10日

能力の劣る人は働く場所から排除されても当たり前と考える人がいるなら、それはとんでもない誤りである。経済学上最大の発見ともいわれる「比較優位」の考え方は、弱者を社会から排除することの非合理性を見事に説明する。

あらゆる面で優れた能力を持つ超人がいたとしても、すべての仕

35　架空の話ではなく、70年代までのアジアや南米では、「幼稚産業保護」として、本当にとられていた政策です。「輸入代替化」政策ともいわれていました。リストの保護貿易論も、これと同じです。輸入数量制限や高関税、外国為替管理といった輸入制限策を用いて国内市場を保護する政策です。しかしこの政策は行き詰まり、アジアの新興工業経済地域（NICs）では、外向きの成長政策が採用されることになりました。（参考）：福田邦夫、小林尚朗編『グローバリゼーションと国際貿易』大月書店（2006）p256-257

事をその人に任せることは合理的ではない。……超人にせよ弱者にせよ、すべての人がその持っている能力のうちの相対的に優れた部分を最大限に生かして社会参加をし、あとからその成果を配分した方がすべての人の利益を増やせるのである。

さらに、農業国が遅れていて、工業国が進んでいるという考え方も、比較優位論では当てはまりません。オーストラリアやニュージーランドは先進農業国として知られています。特に後者は、輸出の約半分は農産物という農業大国です。一方、両国ともに国内自動車メーカーは、スポーツカーを製造するような、小さな1～2社しかありません。それでも、1人あたりGDPはオーストラリアが6万6371ドル、ニュージーランドは3万5973ドル（IMF　2011年）の、先進国です[36]。これは、その国の比較優位に基づいています。広大な農地を労働者1人で管理できたら、その国の産業の中でも農業の生産性は高くなるのです。

「一方の国が、極端に労働力が廉価である場合には、すべての産業において競争力を持つことになる。労働コストが低い国の一人勝ちとなる。労働力がすべて人口大国である中国に集中すれば、ほかの国の雇用はそれだけ減少し、当然に購買力も低下する」というような貿易摩擦時によく出てくる論調を、心配する必要はありません。

冷戦終結後、市場が一体化した、いわゆるグローバル化経済・自由貿易体制が確立しました。その間、世界のGDP総額[37]は、20兆5490億ドル（1989年）から、60兆6890億ドル（2008年）へ増えました。世界のGDI（私たち一人ひとりのもうけ＝所得の総額）は、20年間に約3倍になったのです。

36　日本は、45,870ドル（IMF　2011年）です。オーストラリア、シンガポール（49,271ドル）オランダ（50,216ドル）にも抜かれています。OECD30カ国中17位であり、日本は、もはや経済の一流国とはいえない状況です。

37　以下データ出典　『日本経済新聞』2009年8月16日

一昔前、「１人あたりGDP（GDI）が、１万ドルを超えたら、先進国の仲間入り」と言われましたが、今日、１人あたりのGDPは、世界の平均で、１万ドルになりました。

世界の輸出総額も、３兆980億ドル（1989年）から、16兆1270億ドル（2008年）へと、５倍以上になりました。

１日１ドル以下で暮らす、最貧困層の人々の人口比率は、29%（1990年）から、18%（2004年）に縮小しました。

澤田康幸「ODA、投資誘発効果に光」日本経済新聞2012年８月20日

東アジア太平洋地域……の貧困人口の比率が過去25年で約80%から20%まで低下……。……11年のアフリカ全体の成長率は4.9%に上る。……南アジア地域も11年に6.6%の成長……。乳幼児死亡率などあらゆる社会指標で最貧国とみなされてきたバングラデシュは、そうした国の代表格だ。

バングラデシュの首都ダッカ近郊で2013年４月に1000人を超す死者を出すビル崩壊事故が起きました。ビル内には５つの縫製工場があり、3000名を超す女性従業員が働いていました。危険を認識していたにもかかわらず、違法な増改築を繰り返したことが、ビル崩壊の直接の原因だったようです。

この事故をめぐり、同ビルに生産を委託していたイギリスの激安ブランド服メーカーが「グローバリゼーションの悲劇であり、バングラデシュの女性労働者を低賃金で働かせ搾取しているのではないか」と批判を浴びました。

しかし、もともと貧困層、特に女性には働く機会さえありませんでした。グローバリゼーションは、そこに同国内の地方農場よりも高賃金の仕事を提供し、女性の社会進出をうながしたという側面があるのです。実際に、同国の１人あたり名目GDPは367ドル（2000年）から723ドル

（2010年）と倍増しています（IMF調べ）。貧困女性の地位は向上しているのです。

さらに、「先進国内の賃金格差が広がったのは、新興工業国からの輸入増加で、先進国内の低賃金労働の需要がなくなり、その結果賃金の低下が起こったからだ」という論調もあります。ですが、「実証研究は否定的[38]」で、米国では90年代半ばから21世紀初頭まで格差に変化は見られず、日本でも高度成長期以降20世紀末までは大きな変化は見られないというのが結論です。米国の場合、格差拡大の要因として「貿易の影響は多くて3割程度」ですし、日本の場合は、「人口の高齢化」です。グローバル化経済・自由貿易体制は、確実に恩恵をもたらしたのです。発展途上国にも、先進国にもです。

野口旭『経済対立は誰が起こすのか』ちくま新書（1998）p127

大学一年生を対象とした「入門ゼミ」などで、「貿易を行うことの利益とは何だと思うか」という質問をすると、だいたい十人中八～九人は、「輸出産業が輸出を拡大して利益を稼ぐこと」などと答える。そこで、わたしはおもむろに「国際経済学には比較生産費説という有名な理論があり、それを初めて明らかにした十九世紀初頭のイギリスの経済学者デヴィッド・リカードは、皆さんのそのような考え方の誤りを、重商主義の誤謬と呼んだのです」などと述べて、それを国際貿易の原理の説明のための糸口にするわけである。

(3) 比較＝三角形の傾き

比較優位論は、比が少しでも違えば、つまり、三角形の傾きが少しでも違えば、成立します。表の数値を、どのようにしても、成立します。

---

38 以下参考・引用文献　猪木徳武『戦後世界経済史』中公新書（2009）p17

①	X財	Y財
A国	1	2
B国	5	4

②

X	Y
1	2
4	5

③

X	Y
1	4
2	5

④

X	Y
2	4
1	5

また、国の数が3カ国以上でも、比較優位論は成立します。

	A国	B国	C国	D国
X財	10	9	10	8
Y財	2	2	4	6

X財はD→C→B→A国の順に比較優位、Y材はA→B→C→D国の順に比較優位です。

加えて、財の数が3つ以上でも、比較生産費説は成立します。

	A国	B国
X財	2	4
Y財	8	1
Z財	3	3

X財はA国が、Y財はB国が、Z財については、A国とB国の労働量や需要条件によって変化することがわかります。いずれにしても、労働量を移動することにより、財の生産量を増加させ、消費量が拡大することがわかると思います。

さらに3国3財、4国3財……と、リカードのモデルは拡張することができ、研究者によって、さまざまな国際特化パターンを確定する方法が示されています。

(4) 輸出増＝輸入増

もう一点、別な視点で、貿易を考えてみましょう。比較優位論は、両国が比較劣位産業を縮小し、比較優位な産業に特化（部分特化も含む）しなければ成り立ちませんでした。しかしその一方、ポルトガルの人はワインだけ消費するわけにはいかず、イギリスの人も毛織物だけ消費するわけにはいきません。お互いに特化した商品を交換（売買）しなければいけないのです。これが貿易でした。つまり、輸出の裏には必ず輸入があり、輸入の裏には必ず輸出があるのです。ということは、「輸出を伸ばし、輸入を抑える（重商主義）」のは、理論上不可能になります。世界の輸出量＝世界の輸入量です。「輸出を伸ばし、輸入を抑える」のが可能であれば、一方に「輸入を伸ばし、輸出を抑える」という殊勝な（？）国がないと成り立ちません。

輸出拡大には、生産量拡大が必要です。生産量拡大には、労働力が必要です。労働力はどこから持ってきますか？　それは、比較劣位産業からしか持ってこられません。ではこれまで比較劣位産業で生産していた品物はどこから持ってくるのでしょう？　輸入に頼るほかありません。つまり、「比較優位な産業に特化しなければ、輸出は成り立たない」＝「輸入をしなければならない」ということなのです。これは、完全特化だけではなく、部分特化の場合も同じです。

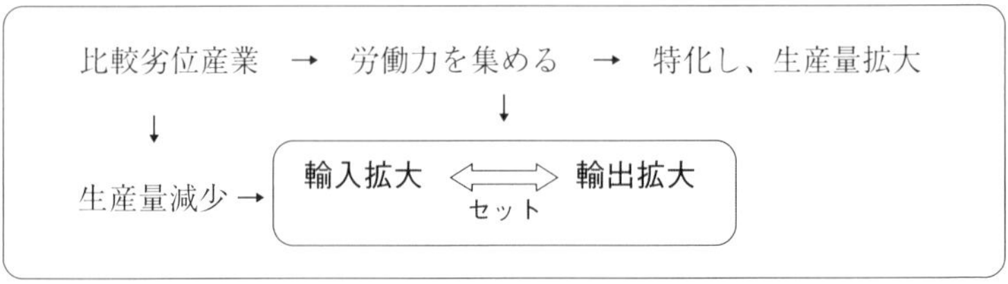

輸出と輸入がセットということは、輸出拡大と輸入拡大もセットということです。

日本 輸出入額　(単位 10億円)財務省

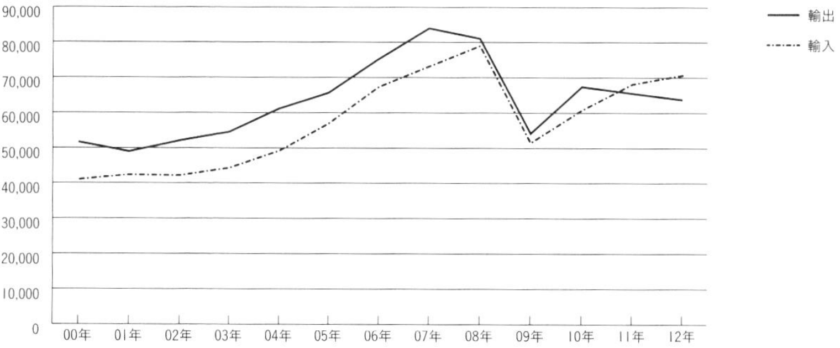

日本の貿易額は年を追って拡大してきました。その際、「輸出の拡大と輸入の拡大」はセットになっています。「輸出を拡大する＝特化する」ということは、「比較劣位産業を縮小しなければばらない＝輸入を拡大する」ことなのです。日本は、繊維製品（当初)、鉄鋼、造船、家庭電化製品、自動車に特化する一方、繊維製品・石油・鉄鉱石・石炭・農業産品など、劣位産業を縮小し、輸入を拡大してきたのです。

世界の中で比較しても同様です。「輸出額の大きい国は輸入額も大きい、輸出額が小さければ輸入額も小さい」という相関関係が見てとれると思います。

このように、貿易は、輸出と輸入を通した、「ゼロサム・ゲーム（勝つか負けるか)」ではありません。貿易（交換）の目的は、誰もが、「消費者利益（効用）を増大できる」ところにあります。両者が得する関係になれる、それが貿易です。

輸出入額 2011　(単位 100万ドル)JETRO

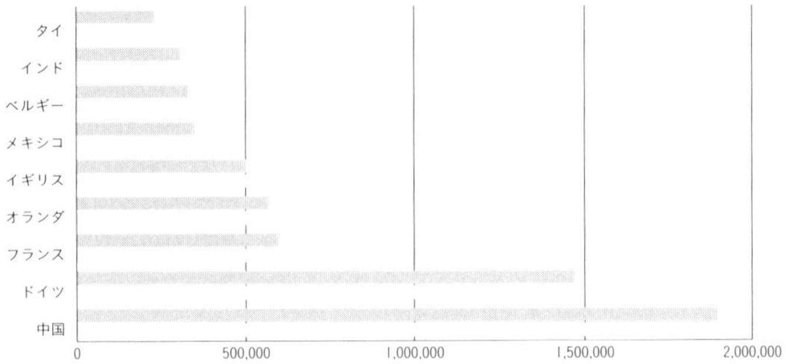

(5)　リカード・モデルは、消費者利益＞生産者利益

　以上のように、リカードの理論は、すべての国の、すべての消費者の「実質所得が増え、商品購入の選択肢が拡大する」ということを明らかにしました。実際に、私たちは、貿易を拡大することによって、さまざまな利益を得てきました。

　たとえば、日本では、アメリカとの間の交渉により、1991年４月から牛肉とオレンジの輸入が自由化されました。その後、関税率はどんどん下がりました。その結果、牛肉は、安い値段で提供されるようになり、いつでもどこでも食べられる商品になりました。その昔、「ビフテキ（ビーフ・ステーキの略）」に代表される牛肉はぜいたく品だったのですが、今ではファストフードのハンバーガーや食べ放題の焼肉など、庶民にも手の届く食べ物へと変わりました。貿易の自由化は、必ず消費者利益を拡大するのです 。

　このように、貿易の自由化は、消費者利益を拡大することがわかっているにもかかわらず、コメの輸入自由化は、いまだに実現できていません。関税率は2013年１月現在778％（１キログラムあたり341円）です。貿易自由化は、消費者利益を拡大するのに、なぜ日本は、「自由化拡大」という戦略をとらないのでしょうか。たとえば、TPPや、東アジア地域包括的経済連携（RCEP）、オーストラリアや、東南アジアとの、農業自由化を伴う、FTA（自由貿易協定）をどんどん締結しないのでしょうか。

実は、リカードのモデルには、比較優位な産業に特化するという条件がありました。貿易をする前に、両国が、比較劣位産業を縮小し、比較優位な産業に特化しなければこのモデル自体が成り立たないのです。では、比較劣位とされた産業の生産者はどうなるのでしょうか。

日本は、昭和30年代まで国策として石炭産業を保護してきました。しかし、1960年代のエネルギー革命により、世界中が、石炭から石油へという流れをとる中、日本も石油エネルギーに転換していきます。その結果、日本各地の炭鉱は閉鎖され、石炭産業は完全に衰退しました。石炭産業に従事していた人は、みな職を失いました。

本当は、日本では、今でも石炭は掘れるのです。しかし、オーストラリアなど、露天掘りができる炭鉱と、坑道を掘って地中深く潜らないと石炭が採れない日本の炭鉱とでは、その生産性において圧倒的な差があります。何百人もの労働者が、坑道で石炭を掘るのと、十数人の乗組員が大型タンカーで原油を運ぶのと、どちらが優位かは一目瞭然です。石炭産業は、比較劣位産業なのです。

就業者1人あたり純生産（左 単位 万円）　**比較生産性**（右 単位 %）『日本国勢図会2000年』

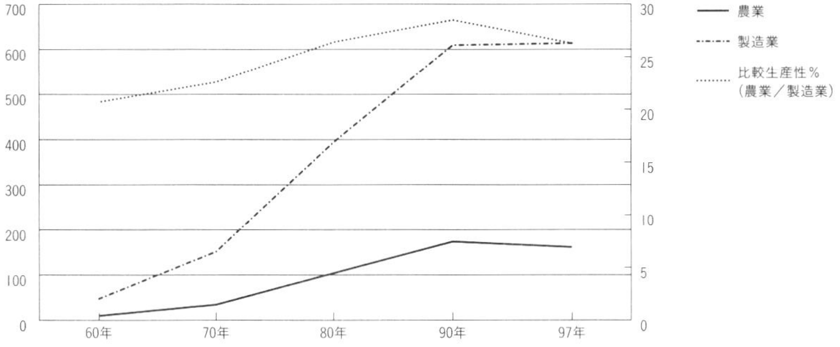

日本国内で、農業と製造業との生産性を見てみましょう。製造業の労働生産性（従業者１人あたりの生産性）を100とした場合、農業はおおむねその20％から30％台で推移しています。日本の農業は、国内比較の生産性において、比較劣位にあるのです。

比較優位な産業に特化するということ、貿易をするということは、比較劣位産業に従事している生産者の職を奪うということなのです。だから、「コメの輸入自由化阻止」の声がコメ農家からあがるのです。その声が大きく政治問題になると、なかなか「自由化」とはならないのです。

石川城太「TPP 参加日本の選択」日本経済新聞2012年８月28日

仮に、TPP で利益を得る人が１億人いて、その利益の合計が10兆円、一方で損失を被る人が200万人いて、その損失の合計が８兆円としよう。この場合、経済全体としては差し引き２兆円の利益になるので TPP を進めた方がよいはずだが、実際にはなかなか実現しない。それは得するグループの利益が１人あたり10万円なのに対し、損するグループの損失は１人あたり400万円にもなるからだ。

TPP 参加で得をするグループの多くは……例えば霞が関まで行って「TPP 賛成！」と叫ぶとは考えにくい。……しかし損をするグループは違う。交通費をかけて霞が関まで行き、丸１日仕事をせずに「 TPP 反対！」と叫ぶ誘因がある。最終的に主張が通れば、400万円もの損失を避けられる。

生産者と消費者、どちらが多いかは明白です。2010年、日本全体の人口は１億2600万人ですが、農業従事者は、260万人しかいません（自給的農家を除く）。これは全体の２％にすぎません。

貿易による利益は、広く日本全体に行きわたります。ただ、消費者利益の拡大は、経済学的な問題ですが、生産者利益の保護は、政治的な問題です。日本がコメの輸入自由化を禁止あるいは制限してきた理由は、

「主食である米だけは自給しておきたい、田んぼでの米の生産は日本の自然環境と一体化したもので輸入は自然破壊につながる、米は日本の伝統文化を反映したもので輸入により文化が破壊される（『政治・経済』教育出版〔2011〕p169）」というものです。経済学的な利益という観点から主張されるのではありません。

政治的理由から農業の貿易自由化に反対意見があってもかまわないのですが、ときには誤解されがちな論点もありますので、以下にいくつか挙げておきましょう。これらは筆者自身のブログ「高校生からのマクロ・ミクロ経済学入門」（http://abc60w.blog.fc2.com/）の、「農業自給率UPは無意味」というカテゴリにある記事をまとめ直したものです。

①自給率は変幻自在の数値

2009年農林水産省食料需給表には以下の３つの「自給率」が掲載されています。

A カロリー自給率40%
B 主食穀物自給率58%
C 金額自給率70%

Aの、カロリー自給率計算とは「自給量／全供給量」で、「全供給量」には、コンビニ・家庭・スーパー・全飲食店などで、廃棄された食料が含まれています。厚労省05年版『国民健康・栄養調査』による、廃棄量を除く「実際の自給量／摂取量」にすると、53%になります。

さらに、「自給量」に、「253万戸の農家、家庭菜園の自家消費分（市場に出さないもの）」＋「農作物のうち、２～３割を占める、規格外や、価格下落を防ぐための廃棄物」を加えると、「実際の自給量／摂取量」は60%を超えます。

自給率は、いかようにでも変えられる数値なのです。

②現在の典型的農家は、農業収入が年間38万円以下

「農業経営統計調査 平成23年 個別経営の経営形態別経営統計」による農家253万戸の内訳です。

A「自給的農家」＝生産物を出荷していない農家、つまり大規模家庭菜園農家が90万戸（35.5%）あります。
B「副業的農家」＝65歳未満の者で60日以上農業する者がいない農家、つまりリタイア後に農業を始めたような人も含むこの層が88万戸（34.9%）。農業外所得が主（収入は416万円、うち年金が224万円、農業外収入が169万円、農業収入は32万円）です。
C「準主業農家」＝農業外収入が主、農業が副業の農家（主業が493万円、農業収入38万円）。これが、39万戸（15.4%）です。
A～Cを合計すると、農業年間収入38万円以下の農家が、日本の農家の85.8%を占めます。
D「主業農家」＝農業収入が主（465万円）で総所得590万円の農家、すなわち一般的に私たちがイメージする農家は、36万戸（14.2%）しかいません。

③食料は余っている

国際連合食糧農業機関（FAO）によれば、各食物の生産量は以下のように推移しています。

A トウモロコシ89-90年4億6000万トン→2011-12年1.91倍
B 大豆90年1億トン→06年2.28倍
C 豚肉91年7000万トン→10年1.54倍
D 鳥肉91年3000万トン→10年2.67倍

E 牛肉91年5200万トン→10年1.15倍

人口は1950年から2005年の間に約2.6倍に増えていますが、穀物（トウモロコシ・小麦・コメ）生産量はこの間約4.3倍に増え、完全に「人口増加率＜穀物生産増加率」になっています。

ちなみに、小麦生産量（06年）は、世界生産量６億5000万トン、世界輸出量１億2500万トン、日本必要量529万トンです。世界食糧危機？で、日本が飢える（食糧安全保障論なるもの）ということは、起こりえません。

このように、食糧は余っています。余っているので、WTO でも、TPP のような FTA でも、農業問題がネックになるのです。「高関税をかけ入ってこないようにする」「補助金漬けの農業（特にアメリカ）を途上国が批判する」……どの国も食料は余っているので、入ってこられると困るのです。

④農業就業者人口が少なくなったのは、合理化に伴う、生産性上昇によるもの

少ない人数で、大量生産が可能になったのは、農業も同様です。また農業従事者は高齢者が多いというのも、同様な理由によるものです。コメ栽培は実労働年間８週間ほどですみます。機械化で、「高齢者でもできる」仕事になっています。

⑤農業の戸別所得補償として、7630億円（2012年度）が支払われています（2010年導入）

TPP参加で、農業生産者が打撃をこうむる場合、この7630億円を、輸入価格との差額保障に全額転用し、補塡《ほてん》する方法もあります。

貿易自由化に対する反発は、日本に限ったことではありません。どの国も、その国の中に「生産者」を抱えているのです。アメリカでは、1980年に、日本車を破壊するというデモンストレーションが行われました。1970年代後半に日本車の輸入が拡大し、アメリカの自動車メーカーは不況に陥っていました。自動車メーカーに大量に解雇された労働者は失業者となり、怒りを日本の自動車にぶつけたのです。日米自動車摩擦は政治問題化し、1981年からは、日本車の対米輸出自主規制が始まったのです。

TPPでも、アメリカの自動車団体が、日本参加に反対を表明しました。利幅の大きい「ピックアップ・トラック」に日本車メーカーが参入するのを阻止する目的があるといわれています。

では、比較劣位産業の痛みを伴う貿易は、規制されるべきなのでしょうか。比較劣位産業を守ろうとするなら、貿易をやめることです。しかし、それは、三角形が大きくなることで示された、「実質所得が増え、商品購入の選択肢が拡大するとともに、消費者効用も増大する」ことを、捨てることになります。

世界の国々は、比較優位な産業に特化し、貿易を行うことによって、自国産業を高度化し、所得を増大させてきました。それは、同時に、比較劣位産業の衰退を伴うものでした。

産業別就業者の割合 (単位 %)『労働経済白書 2011』

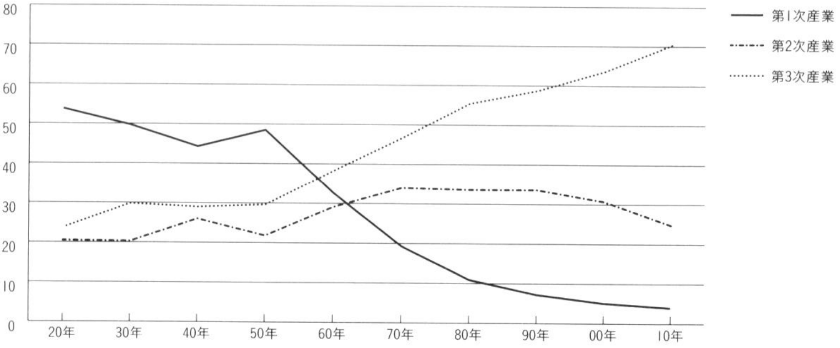

このグラフにあるように、日本国内では、第１次産業→第２次産業→第３次産業へ産業構造が変化してきました。石炭産業が衰退し、繊維を中心とする軽工業から重工業にシフトし、そして、「モノづくり」から「サービス産業」にシフトしてきたのです。

日本は痛みを伴いつつ、今日の経済大国の地位を得ました。国民の実質所得は拡大したのです。

とうほう『政治・経済資料　2010』p369

ペティ・クラークの法則［Petty's-Clark's law］…経済発展につれて就業人口・産業の中心が第１次から第２次へ、さらに第３次産業へと移行していくこと。経済発展に伴う産業構造の高度化を示す典型的な法則で、ペティとクラークの２人の経済学者の名前からついた名称。

P116『特化』以降で説明した、貿易三角形は、ミクロ経済学の「予算線」「消費者効用（無差別曲線）」の枠組みを応用したものです。紙幅の関係で説明を省略しましたが、商品（財・サービス）を理解するうえで、重要な枠組みとなっています。

第５章　国債について

国債価格が暴落[39]し、長期金利が高騰することを警戒する論調を目にすることがあります。「財政再建は進まず歳出の半分程度を国債に頼り続ける。日銀は大幅な国債購入に乗り出す。インフレ懸念や財政悪化懸念が高まり、長期金利も急騰する。惨劇の幕が上がる」「国債は暴落し、長期金利が上がり、ハイパーインフレになることは間違いない」「事があって外国人投資家が国債を売りに出すと、国債価格は暴落し、利払いさえできなくなってしまう」といったものです。これらは正しいのでしょうか。金利と、経済情勢について検討してみましょう。

１．日本の国債金利が低いわけ

(1)　債券価格と金利の関係

「10年債、0.740%に低下」日本経済新聞2013年２月14日

新発10年物国債利回りは0.740%と前日と比べ0.010%低下（価格は

39　一般的に「暴落」という言葉の定義はあいまいなもので、長期金利が0.1～１％単位で上がることなのか、1985年のプラザ合意時のように１ドル＝250円が125円になることなのかでは、大きく意味が違います。言葉は独り歩きしますので、惑わされないことが重要です。

上昇）した。……円高・株安を手がかりに比較的安全な資産とされる国債が買われた。

国債は、長期金利の代表的指標です。長期金利とは、期間６年以上の債券の利率で、10年以上を超長期債券といい、中には25～40年といった超長期国債もあります。国債がこの長期金利の目安になるのは、他の債券に比べ、一番信用が高く、利率が低いからです。

10年物国債金利　（単位 %）6月10日前後 日銀

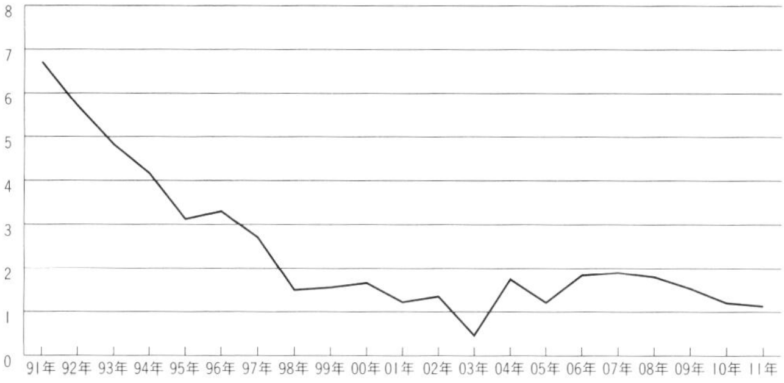

日本国債の価格は高く、金利は世界最低水準で推移しています。

各国の長期金利の推移　（単位 %）外務省

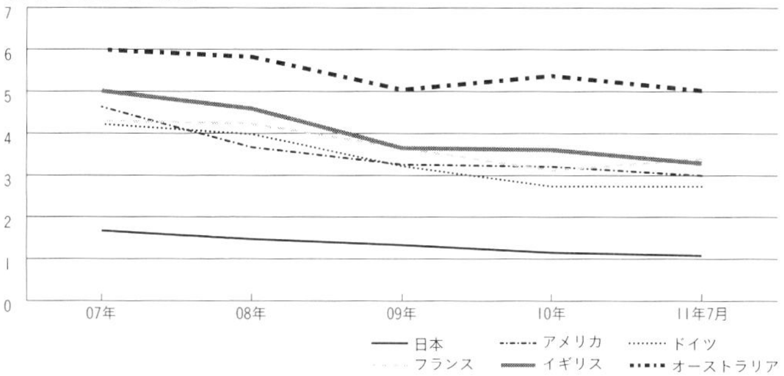

逆に他の債券は、国債に比べると、利率を高くしなければなりません。この上乗せ金利を、「プレミアム」とか「スプレッド」といいます。現在、0.25%～0.45%ほどになっています。住宅ローン金利や、企業の長期借入金の金利も、国債金利の影響を受けています。

2010年　債券の発行高　　　　　　日本証券業協会　（単位10億円）

国債	地方債	政府保証債他	普通社債他	金融債
165,823	7,608	4,540	9,558	3,902

国債金利 銀行貸出金利 (単位 %)6月10日前後 日銀

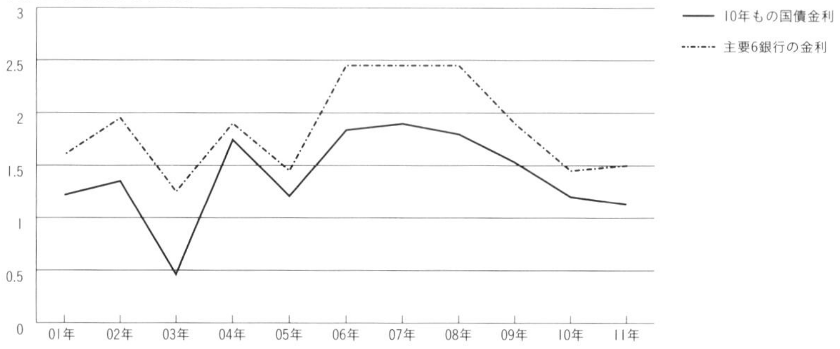

「電力債震災前に迫る　調達コストなお高く」日本経済新聞2013年３月13日

東京電力を除く電力９社による2012年度の公募社債の発行総額は7100億円……。……同じ年限の国債に対する上乗せ金利は平均で0.5%程度と、0.1%程度だった震災前を上回っている。

国債は新規発行されたあと、証券市場で毎日売買されています。日銀もこの国債を市中から買ったり（買いオペ）売ったり（売りオペ）しています。

この売買の際に、「債券価格上昇＝金利低下、債券価格下落＝金利上昇」という現象が起こります。

政府が100万円を金利10％で１年間借りる国債を発行するとします。

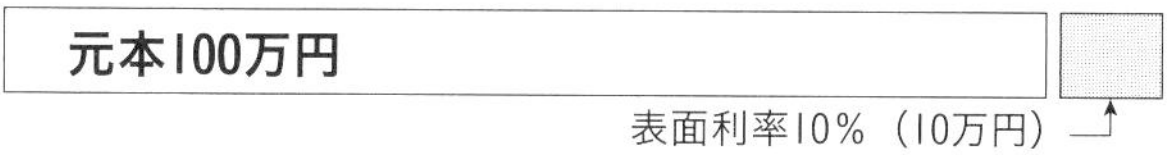

金利は１年後に10万円払われ、元本100万円と合わせて110万円が返済されます。

この１年後に110万円戻ってくる国債を「いくらで買うのか」ということになります。この商品を買いたい人が多く、価格が高くなる（例：105万円）と、105万円で購入し110万円戻ってくることになるので、実質的な金利は（110－105）÷105＝4.76％になります（国債価格上昇＝金利下落）。逆に買いたい人が少なく、価格が下がって90万円になると実質金利は（110－90）÷90＝22％（国債価格下落＝金利上昇）となります。

たとえば、現在、A国の国債（額面100万円、表面利率10万円）を持っているとします。

A国でクーデターが起こり、政情が不安定になったとします。A国の国債を売ろうとしても、買ってくれる人は、なかなかいません。国債価格は下落（＝金利上昇）します。

「国債は暴落し、長期金利が上がり、ハイパーインフレになることは間違いない」という表現は、このA国のような状態を示します。国債はほかの債券の利率の目安ですから、住宅ローン金利や社債、企業の長期借入金の金利も一斉に高くなります。

⑵　国債の購入

日本の場合、国債はオークションで取引されています。１年に100回程度国債が発行され、１回に数千億円～２兆円ほどが売りに出されます。

財務省は、オークションを行う許可を受けた大手銀行や証券会社（プライマリー・ディーラーと呼ばれます）にオークションをアナウンスします。これらはすべて日銀金融ネットワークシステム（日銀ネット）というオンラインシステムで結ばれています

国債の発行額は事前に、利率はオークション当日の午前中に、それぞれ明らかになります。プライマリー・ディーラー各社は、利率と市場動向を考慮し、応札価格（買ってもよい価格）を決め、日銀ネットに数字を打ち込みます。高い価格をつけたプライマリー・ディーラーから落札します[40]。

プライマリー・ディーラーは、購入した国債を、機関投資家（銀行、保険会社、証券会社などの金融機関）に売ります。このように債券市場に出回った金融商品（債券）は、連日マーケットで売買されています。2007年のリーマン・ショック前は、日本の債券取引額は年間１京円を超えていました。

国債には、①新規国債②借り換え債③財投債の３種類があり、１年におよそ170兆円が発行されています[41]。このうち、一般会計歳入予算の約40兆円分にあたるのが①新規国債です。それとは別に②借り換え債発行額は、2011年度110兆円以上に上り（③の財投は15.5兆円程度）、国債発行額では一番多くなっています。

10年満期の60億円国債の場合、10年後にはいったん元金も償還されます。ただしその償還額は、額面の６分の１相当の10億円分であり、残りの６分の５にあたる50億円はすぐに「借り換え債」が発行され、実際には60年かけて償還される「60年償還ルール」が採用されています。

40　2012年11月13日発行、２兆5000億円分、表面利率0.2%の「５年物国債」の場合、応札（購入希望）は11兆3727億円で、倍率は4.96倍でした。

41　2011年度当初予算では、169兆5943億円でした。同年の第３次補正予算後は、結果的に181兆6722億円に膨らみました。

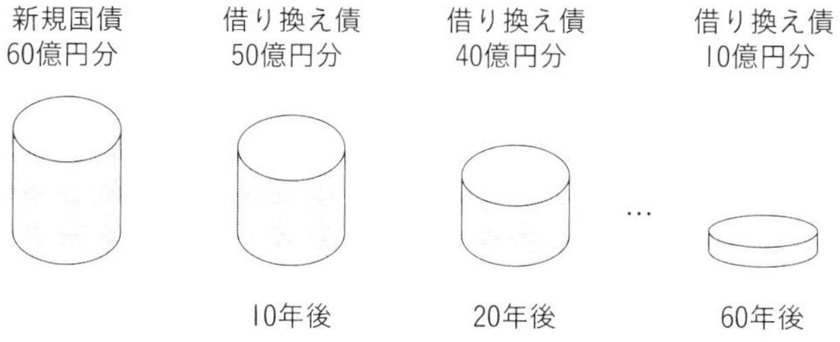

このように、170兆円もの国債が毎年のように発行されるにもかかわらず、日本国債の価格は高く、金利は低く推移しています。この背景にあるのは、不況（GDP 減・あるいは微増）とデフレです。

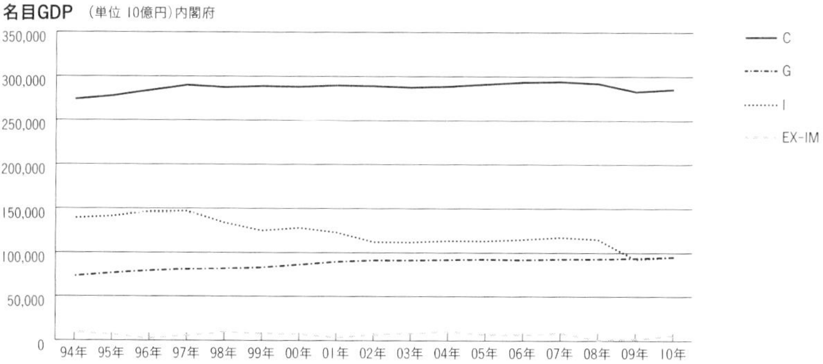

不況になると企業は投資を減少させます。銀行は預金者から預かったカネを貸し出す先がありません。銀行の、貸出額／預金額である預貸率は、年々低下しているのです。

銀行預金額と貸出額の差 （単位 億円）12月全国銀行協会

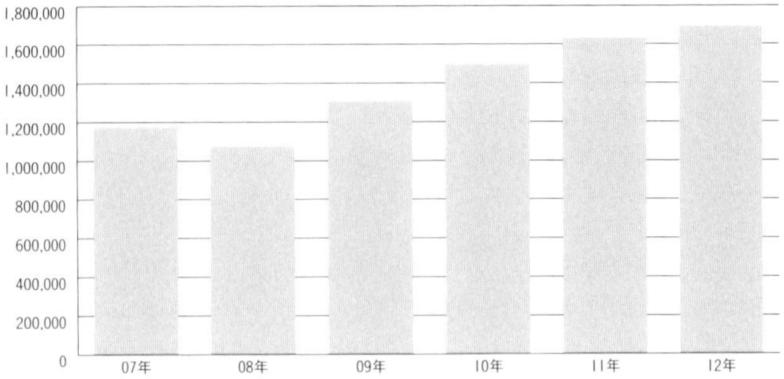

貸出先がないために銀行預金額と貸出額の差は160兆円を超え、このカネが国債購入に振り向けられています。中には預金額の７割を債券運用に回さざるをえない地方銀行もあります。

国内銀行の預貸率 （単位 %）8月 日銀

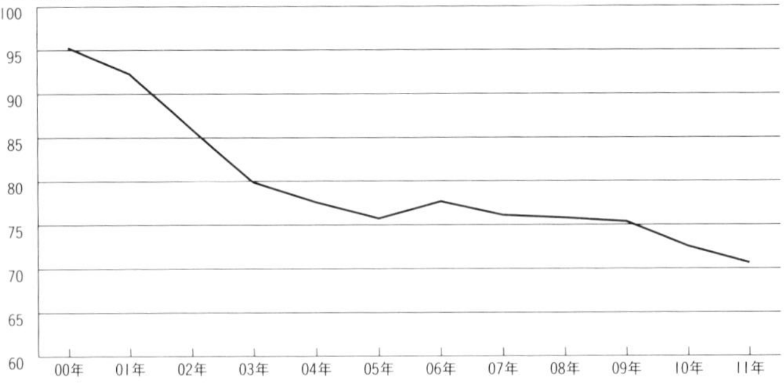

2012年12月現在の銀行による国債保有残高は、162兆円に達し、銀行の総資産に占める割合も、約19％になっています。大量の預金が集中する巨大銀行の中には、約25％に達するところもあります。

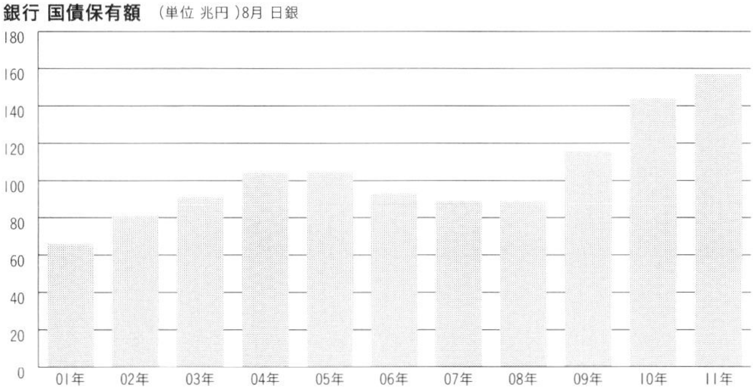

日本経済新聞北海道版2013年５月21日

北海道財務局によると、道内の銀行・信用金庫・信用組合の預金の合計は28兆円強に上る。一方で貸出金はその半分に満たず、金融機関は16兆円弱の資金を運用する。その多くは、国の破綻リスクを心配しない国債に回る。運用は金融機関の稼ぎのひとつの柱だ。

(3)　デフレ下の企業行動

ここで、企業が投資を減らし、結果として銀行融資が減っている現状について、もう少し検証してみましょう。

金融（資金を融通する）システムには、間接金融と、直接金融という形態があります。

間接金融とは、企業などが資金を調達する際に、銀行などの金融機関から調達する場合をいいます。資金の貸し手と借り手の間で直接資金がやりとりされるのではなく、両者の間に金融機関が入っているので、間接金融といいます。

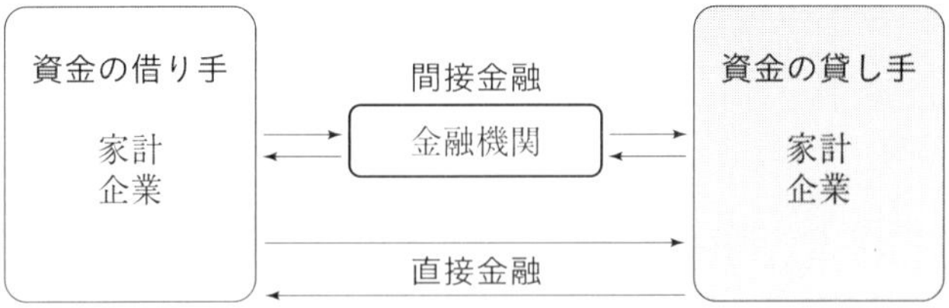

資金の貸し手は、銀行預金をし、銀行が資金の借り手を審査して貸し出し（融資）します。企業は銀行に金利を払い、銀行は資金の貸し手に金利を払います。借り手の企業が倒産したときの損害は、金融機関が負い、資金の貸し手（預金者）はリスクを負担しません。

直接金融は、資金の貸し手が、企業など借り手に直接資金を提供することをいいます。株式や、企業の発行する社債という債券（企業の借用証書）を購入します。この資金のやりとりを「仲介」するのが、証券会社などの金融機関です。

金融機関が間に入っているので、一見「間接金融」に思えますが、「仲介」はあくまで仲介で、融資（株式購入など）のリスクは資金の貸し手が負担します。企業が倒産した場合、株式は紙くずとなり、社債は返金されませんが、その損失を証券会社が負担することはないのです。

近年の日本では、資金調達の方法が、大企業を中心に、間接金融から直接金融へとシフトしています。企業にとっては、銀行から資金を借りるより、低いコスト（金利などの負担）で資金を集められるメリットがあります。

銀行にとっては、貸出先の減少が続いている状態です。加えて、デフレ下の企業行動が、銀行の融資先をさらに減らしています。

国際通貨基金（IMF）および内閣府によると、デフレの定義は、「2年以上の継続的な物価下落」となっています。2000年代の日本は、デフレ状態にあります。

間接・直接資金調達　（単位 %）日銀

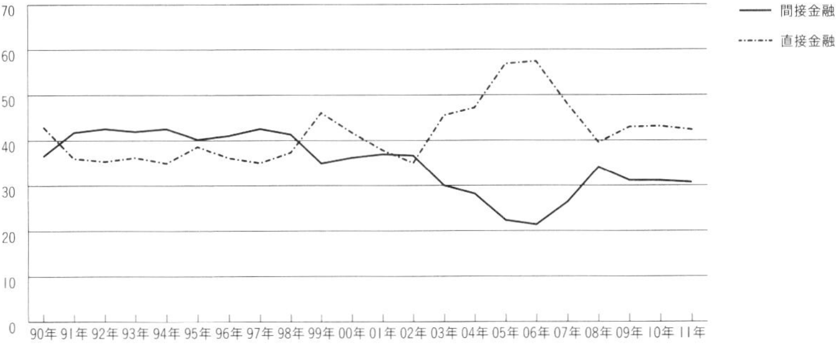

物価が2％下落するデフレ状態だと、名目金利がゼロでも、実質的な金利は2％になります[42]。

逆に、銀行からお金を借りている場合は、銀行金利＋実質金利となり、負担が重くなります。たとえば、銀行金利が2％の場合、デフレで物価が2％下落すると、2％＋2％＝4％になります。

消費者物価前年比 GDPデフレーター　（左 単位 %）OECD

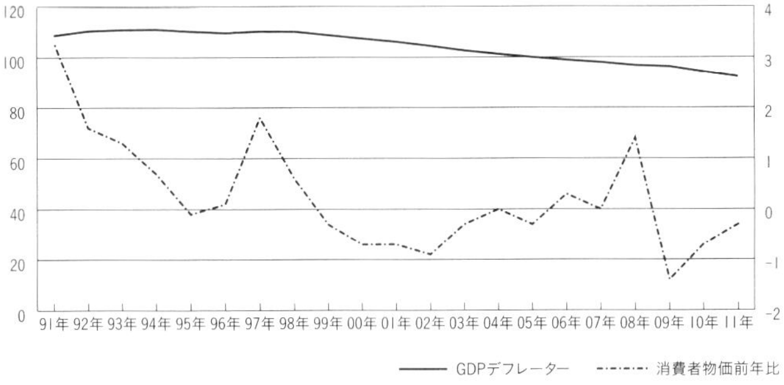

42　消費者物価指数はプラスならインフレ、マイナスならデフレとみなす。国内の財・サービス価格を反映する。消費者物価指数には、輸入品価格を含む。①総合物価（CPI）、②生鮮食料品を除くコアCPI、③生鮮食料品とエネルギーを除くコアコアCPIがある。2008年のように、投機的な動きで燃料・食糧価格は激しく動くので、物価水準を見るのには②、③を使う。GDPデフレーターは名目GDP÷実質GDP×100。

実質金利が高くなると、企業は、銀行から融資を受けて投資をするよりも、債務（借金）を返済し、預金する行動を選択します。

合理的行動	インフレ	デフレ
預貯金	×	○
債務(借金)	○	×
投資(土地・建物購入)	○	×

GDPの三面等価図において、「貯蓄」を供給するのは「家計」「企業」ですが、本来資金の借り手だった企業は98年以降貸し手に回り、その額も近年では家計より多くなっています。

S貯蓄 資金の貸し借り (単位 億円)日銀資金循環統計

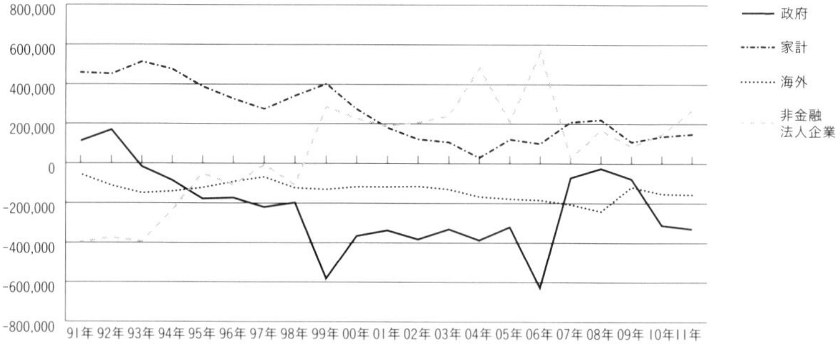

企業は、手持ちの現金や預金を増やす一方、金融機関は、貸出先がなくなっているのです。そのカネが、国債購入に回っているのです。

まとめると、日本の金利が世界に類を見ない低金利になっているのは、まさしく不況で企業の投資が控えられ、「貯蓄超過」となってカネ余りだからです。カネ余りなので、国債価格は高く、金利は低くなります。

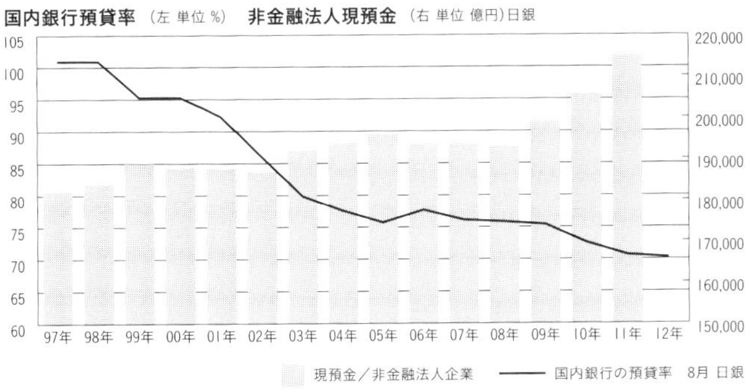

2. 財政破綻

『2012　新政治・経済資料』実教出版 p237

返済どころか、借金膨張が止まらないという状況の日本。どこまで借金が増えたら財政が維持できなくなるのか、その明確な数字はない。……しかし、国債は国の借金であり、返済しなければならない。しかも、借金を返済するのは将来の国民である。次世代にツケを回すことになり、彼らには不公平感がつのる。

「財政破綻！　後世代の国民へ返済のツケを残す」、「日本は借金で破産する」、「借金があまりにも多く、日本は破綻する」といった意見があります。

その一方、2002年、アメリカの格付け会社によって、日本国債の格付けが引き下げられたときには、財務省は「自国通貨建て国債のデフォルトは考えられない」「世界最大の貯蓄超過国[43]、国債はほとんど国内できわめて低金利で安定的に消化」「最大の経常黒字国・債権国であり、外貨準備も世界最高」であると反論しています。いつも「財政危機だ」

といっている日本国内に向けた説明と、まったく違う説明を海外にしました。

日本は財政破綻するのでしょうか？

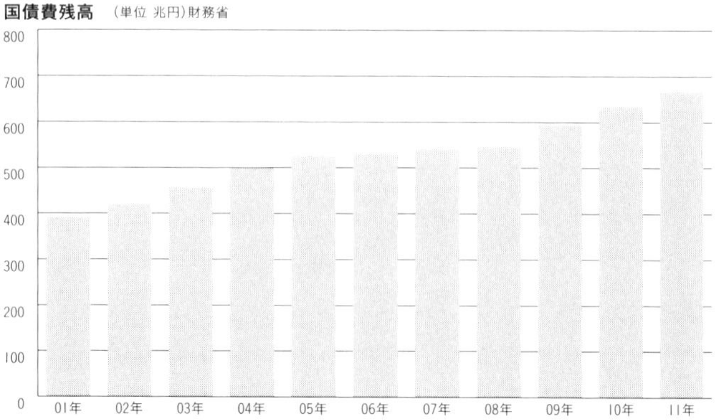

(1) 日銀の国債購入

日銀や、そのほかの金融機関が「国債」を購入するとは、どういうことなのかを明らかにしましょう。

その前に、まず金融政策について説明します。金融政策とは、中央銀行（日本銀行）が金融面から経済の操作を試みる経済政策のことです。

東京書籍 平成22年 p123

企業や家計など民間の経済部門（金融機関を除く）が保有している通貨量をマネーストックという。通貨量の増加や減少は経済に大きな影響をおよぼす。例えば、通貨量が増加すると、生産や消費などの経済活動が活発になる反面でインフレーションが進行しやすくな

43 S－Iが黒字、ということです。

る。インフレーションを抑えようとして通貨量を減らすと、景気後退をまねく恐れがある。

物価や景気を安定させるために通貨量を調節するのが金融政策であり、中央銀行（わが国では日本銀行）がその役目を負っている。

『2013資料集』東学 p297

マネーストック（旧マネーサプライ）は、経済全体に流通する通貨量を示す。一般法人、個人、地方公共団体などの通貨保有主体（＝金融機関・中央政府以外の経済主体）が保有する通貨量の残高である。

日銀はマネタリーベース「(1)流通現金（日本銀行券発行高＋貨幣流通高）(2)日銀当座預金」の合計額を調整することで、マネーストックに影響を及ぼす。

金融政策の目的は「物価や景気の安定」で、その手段が「通貨量（マネーストック）の調整」です。日銀は、「売りオペ」・「買いオペ」と呼ばれる公開市場操作によって直接「マネタリーベース」に働きかけ、「マネーストック」を動かそうとします。

出てくる用語を整理しておきましょう。

マネタリーベースというのは、市中に流通している紙幣・貨幣と「日銀当座預金」（あとで説明します）の合計値になります。ざっくりいうと「お札の総量」です。

マネーストック[44]というのは、世の中にあるお金の総量のことです。金融機関に預けられているお金も含むので、マネタリーベースよりもか

44　マネーストックには、統計に含める金融機関の種類などによってM1〜M3までの区分がありますが、本書では説明を簡略化するために、もっとも一般的なマネーストックM3を「マネーストック」と表記することにします。

なり大きな額になります（金融機関は預金をすべてお札で持っているわけではありません）。

マネーストックはマネタリーベースの約9～10倍の規模があります。両者の現在の規模は右のようになっています。

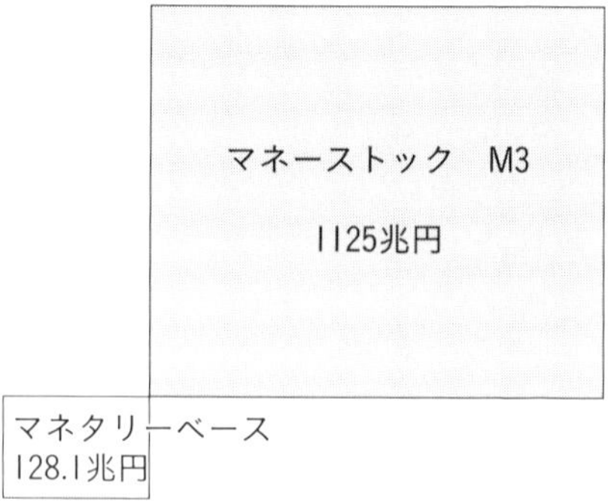

（2012年10月現在）

ここで日銀と各銀行の関係について少し触れておきます。各銀行は、企業や個人などの預金者への払い戻し準備や、金融機関どうしの決済（A銀行口座からB銀行口座に送金すると、日銀のA銀行残高が減り、B銀行残高が増える）のために、日銀に預金をしています。これが「日銀当座預金」です。

日銀が市中金融機関に、国債を売れば（売りオペ）、市中金融機関の通貨を吸収し、日銀当座預金が減少し、市中金利が上がります。

逆に、市中金融機関から国債を買えば（買いオペ）、日銀当座預金が増え、市中金利が下がります。

金利は「お金」という商品についた「値段」です。日銀が金融市場に資金を供給すれば、お金の量が増えるので、その値段である金利は低下します。

金融市場で金利が下がると、金融機関は低い金利で日銀から資金を調達でき、企業への貸し出しも金利を下げることができます。企業は従業員の給料や仕入れに必要なお金、工場や店舗建設に必要なお金を借りやすくなり、景気が刺激され、物価の上昇圧力が高まります。

このように、物価や景気を安定させるために、直接マネタリーベースを増減して、マネーストックを調節するのが日銀の「金融政策」です。金融政策の効果は実証ずみなので、これまでたびたび実行されています（マネーストックとマネタリーベースについては第6章でも触れます）。

さて、日銀が金融政策で購入した国債は、日銀のバランスシートではこのようになります。

日銀　貸借対照表			(単位　兆円)2009年度末
国債 貸付金 その他資産	67.4 29.2 16.8	76.5 33.7	発行銀行券 その他負債
		110.2	負債合計
		3.2	純資産 (資本金・準備金)
		3.2	純資産合計
資産合計	113.4	113.4	負債・純資産合計

⬇

日銀　貸借対照表			(単位　兆円)2012年度末
国債 貸付金 その他資産	102.9 34.5 12.5	80.9 66.5	発行銀行券 その他負債
		147.4	負債合計
		2.5	純資産 (資本金・準備金)
		2.5	純資産合計
資産合計	149.9	149.9	負債・純資産合計

このように、日銀が国債を市場から購入（買いオペ）すれば、それは、日銀の「資産」になります。そしてその分、日銀券が発行されるわけです。国債購入を増やせば、市場に日銀券が出回ります（マネタリーベースが増えます）。

日銀が、資金量をコントロールしようと思えば、国債の残高（資産）を増減すればいいということです[45]。逆にいえば、現在の管理通貨制度

45　日銀は2010年秋以降、国債のほかにも社債、上場投資信託（ETF）や不動産投資信託（REIT）などを購入しています。また、2013年1月22日、政府との共同宣言を発表し、事実上のインフレ・ターゲット「物価安定の目標2％」としました。

のもとでは、国債残高（資産）がなければ、銀行券は発行できないことになります。

1947年に制定された「財政法第５条」によって、日銀が直接、新規発行国債を引き受けることは禁じられていますが、いったん市場に出た国債を買い入れるのは問題がないとされ、現在では、世界の中央銀行共通の「貨幣供給の方法」になっています。

このバランスシートを見ると、私たちが使っているお札の信用は、国債によって支えられていることがわかります。

「金本位制」の時代は、その役割を果たしたのは「金（ゴールド）」でした。1833年から1914年（イギリスの場合）まで続いた金本位制では、各国の通貨発行量は、各国の中央銀行の持つ「金（ゴールド）」によって規定されていました。イギリスとともに世界中が採用し、第一次世界大戦までは、通貨発行のスタンダードな方法でした。

各国は手持ちの金保有量に応じて貨幣を発行するので、勝手にたくさんの紙幣を刷って市中にばらまくということはできません。金の量＝発行銀行券の量です。こうすれば通貨の価値が安定することがわかります。

実際には、中央銀行の保有する金の量には限界があります。資産に占める割合は小さなものでした。その少ない量でそれよりも多い通貨発行を支えたので、このとき「金は通貨のアンカーである」という言い方をします。アンカーというのは船のいかりのことです。

現在の日銀のバランスシートも本質的に同じです。変わったのは資産のところ、ゴールド→国債という点です。金本位制下、金の量＝発行銀行券の量であったものが、現在の管理通貨制度のもとでは、国債の量＝発行銀行券の量になっています。昔の１ドル札や、１ポンド札が「金」に支えられて信用されていたのと同じく、今の１万円札が信用されているのは、「国債」がその「金」の役割を果たしているからです。

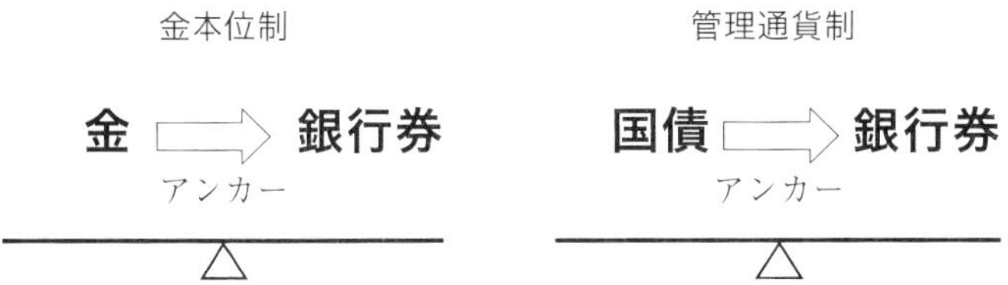

資産	負債
金	銀行券

資産	負債
国債	銀行券

	通貨体制	アンカー
第一次世界大戦まで	金本位制	ゴールド
第二次世界大戦後	ブレトン・ウッズ体制 固定相場制	1ドル＝360円 金1オンス＝35ドル
1971(73)年〜	管理通貨制	国債

日銀の目的は、物価の安定を図ることを通じて国民経済の健全な発展に資するため、通貨および金融の調節を行うことです（日本銀行法第2条参照)。「物価の安定」とは、言い換えれば、「通貨価値の安定」のことです。

1万円札の価値が安定しているから、安心して買い物ができます。その1万円札の価値を支えているのが、「国債」です。国債が通貨価値の実質的な「アンカー」となっているわけです。

日銀の通貨発行が、国債を購入することによって行われている場合、財政の破綻にはどんな意味があるのでしょうか。

懸念されるような「国債価格暴落」（国債の信用の暴落）が起こった場合、それが支えている1万円札の価値も暴落します。「国債が価値を失うなか、同じ政府債務である貨幣が価値を保持すると考えるのはむしろ難し[46]」くなります。

46　櫻川昌哉「ソブリンリスクと財政再建」日本経済新聞2010年3月3日

「国債価格の下落＝貨幣価値が下落」ですから、国債が暴落したときに起こるのは、円安、インフレです。極端な場合には、通貨価値がどんどん下落するハイパーインフレという状態になります。国からの国債の返済は、「価値の下落した通貨」で行われます。

「国はいくら国債を発行しても倒産することはないと考えてよいのでしょうか。結論から言えば、そのとおりです。現代の管理通貨制の下では自国通貨建ての国債をいくら発行しても、それが理由で国が倒産することはありません[47]」となります。日本の場合、原理的に、国の倒産はありえないのです。

インフレはこのように、借金を減らしますが、預貯金も減らします。1万円の借金が、5000円分くらいに目減りするかわりに、1万円の預貯金も5000円分の価値しかなくなります。

だから、中央銀行に課せられた使命は、「通貨価値の安定」なのです。極端なインフレも、極端なデフレも、私たちの持っている資産価値を大きく毀損《きそん》するのです。「国債＝円通貨そのもの」「円通貨の信用そのもの」なのです。

(2) 国債価格暴落への対策

伊藤元重「ニッポン復活の10年」日本経済新聞2010年1月11日

……長期金利の上昇リスクは常にくすぶっていると思ったほうがいい。……この財政危機説を『オオカミ少年』のように扱う向きもある。ただ、オオカミはいずれ必ずやってくる。消費税の増税……といった税制の抜本改革議論は待ったなしだ。

「国債価格下落＝金利上昇は、いずれ起こる」、実はその通りです。今

47　岩村充『貨幣の経済学』集英社（2008年）p153

までの説明の流れとは、まったく違う結論で、混乱させてしまったかもしれません。それには理由があります。

国債価格が高く保たれる、あるいは金利が低く保たれることの前提は、「貯蓄超過」でした。その前提が崩れると、その後の現象も変わります。

ここでISバランス式に当てはめて見てみましょう。

ISバランス式　(S−I) ＝ (G−T) ＋ (EX−IM)

2010年（単位10億円）

S−I 貯蓄−投資	=	G−T 公債	EX−IM 貿易黒字
民間貯蓄超過		政府の借金	外国の借金
38,706 （約39兆円）		32,942 （約33兆円）	5,763 （約5.8兆円）

現在は、貯蓄超過、カネ余りの状態なので、金利は低くなっています。ただ、日本人の貯蓄超過部分を占める企業と家計のうち、特に家計の貯蓄が減っているのが心配です。

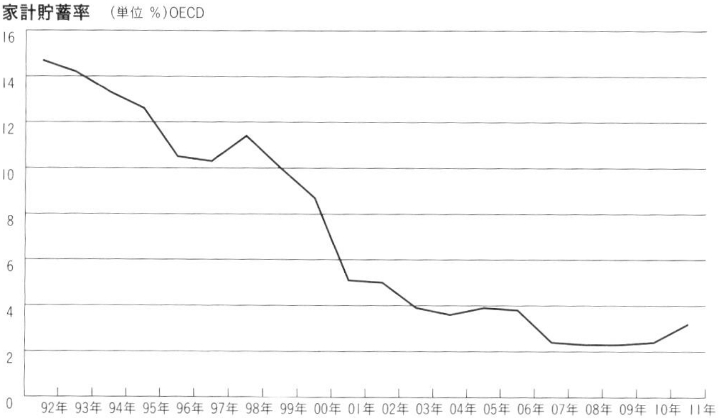

貯蓄率の低下には、さまざまな理由があるのですが、一般的には、高齢化によるものとされています。高齢者は貯金を取り崩しながら生活する、すなわち消費が貯蓄を上回るので、高齢化は貯蓄率の低下につながるといわれているのです。いずれにしても、貯蓄率は今後も低下し、「2020年前後には家計貯蓄率はほぼゼロに低下する[48]」と見られています。また、今は銀行の国債購入に資金を供給することによって財政赤字の状態を可能にしている企業貯蓄についても、下記の可能性があります。

谷内満「経済教室」日本経済新聞2012年3月6日

将来、経常収支赤字となる可能性はある。例えば、財政再建がいつまでも先延ばしされて大幅な財政赤字が続き、一方で企業部門では、国債利回り上昇に伴う企業の借入金利上昇で利子払いが増加し……企業貯蓄が減少する場合だ。

ここでもう一度ISバランス式を見てみましょう。

(S−I)	＝	(G−T)	＋	(EX−IM)
民間貯蓄超過		財政赤字		貿易赤字 経常赤字

まず右辺のG－Tが一定してプラス（つまり財政赤字）だとします。EX－IM（貿易収支）は貿易赤字になったのですでにマイナスです。

このとき左辺のS－I（民間貯蓄）を貯蓄超過から貯蓄不足に、つまりプラスからゼロ、そしてマイナスへと変化させると、右辺のEX－IM（貿易収支）のマイナスも増えていくことがわかります。貿易赤字は膨らみ、すなわち海外から資本が流入してくることになるのです。

この場合、確実にいえるのは、「金利が上がる」ということです。今

48　櫨浩一『貯蓄率ゼロ経済』日本経済新聞社（2006年）p107

は、左辺のSが多い（貯蓄率が高い）＝お金が豊富なので、お金は誰もが十分に借りられます。お金を借りようと考えている人は、今は安い金利で借りられます。その貯蓄がゼロ、もしくはマイナスということになれば、お金が足りないので、借りるときの金利は確実に上がります。

さらに、こうもいえます。そのお金の不足分を、海外から調達しようとしたら、日本の金利は、外国より高くないといけません。なぜなら、「お金を銀行に預けよう」「お金を誰かに貸そう」という人は、自分の国と、日本を比較します。機関投資家（銀行・証券会社・保険会社・投資ファンドなど）は、日本より、自分の国の方が、利率が高かったら、日本には投資しません。自分の国、あるいは、日本以外の国で、利率の高いところに投資する方が、もうけが大きいからです。そうすると、日本の国債を買ってもらうには、金利を上げなければいけません。

祝迫得夫「国債依存の弊害認識を」日本経済新聞2013年３月４日

……今の日本は、浪費家の夫（政府）が倹約家の妻（家計と企業）から借金している状態である。家計の外、つまり海外から借金をしようと思った途端、日本政府は今よりずっと高い金利でしか国債を発行できなくなってしまう。

これが「オオカミはいずれ必ずやって来る」という意味なのです。

その時点で、日本の景気が好況状態にある保証はありません。資金需給が逼迫して、金利が上昇するだけだとしたら、望ましくない金利上昇になります。このように聞くと、心配かもしれませんが、対策は今後、十分にとれます。

歳入 税収と公債費 （単位 億円）財務省

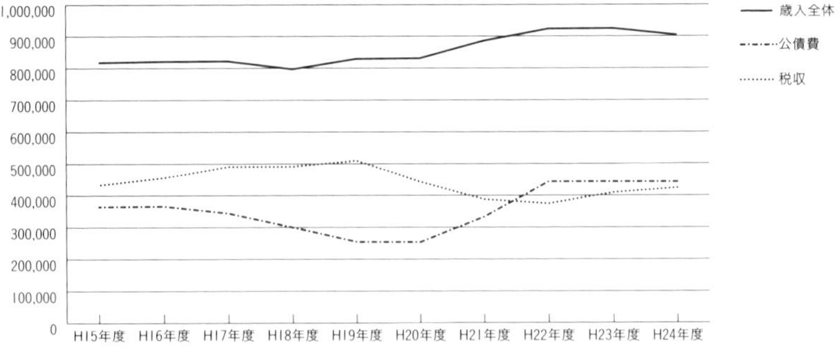

平成24（2012）年度現在、政府の１年間の予算、一般会計において、「公債額＞税収額」となっています。日本の財政は、このまま持続できるのでしょうか。

この政府一般会計歳入（予算）で、44兆円の公債発行が予定されていました。歳出でも22兆円の国債償還が予定されていました（金利の償還額を含む）。国債発行の一方、返済もされています。

平成24年度 公債額／予算 （単位 億円）財務省

次のグラフは各年度の公債歳入額と、国債歳出額の差[49]です。

49　民主党政権下（平成22年度〜）で、公債費が伸びました。

単位億円	20年度	21年度	22年度	23年度	24年度
公債歳入	253,480	332,940	443,030	442,980	442,440
国債歳出	201,632	202,437	202,360	215,491	219,442
差	51,848	130,503	240,670	227,489	222,998

将来、心配されているのは、貯蓄率の低下によりISバランス式の左辺Ｓ－Ｉがゼロあるいはマイナスになり、Ｇ－Ｔ部分の資金需給が逼迫して金利が上昇するということでした。しかし公債歳入額と国債歳出額の差をゼロにすれば、資金の不足は2020年になっても、起きないことになります。資金不足による、国債金利の上昇の可能性もなくなります。

Ｇ－Ｔの部分は財政赤字です。これをゼロにするには、税収を引き上げればよいのです。

$$(S-I) = (G-T) + (EX-IM)$$

民間貯蓄超過　　財政赤字　　貿易収支

ゼロ　＝　ゼロ　　ゼロ

消費税１％は、約2.5兆円の税収に相当するといわれます。消費税率を引き上げれば、国債購入資金の不足＝金利上昇は、起きないことになります。

大竹文雄「ニッポン復活の10年」日本経済新聞2010年1月9日

日本の財政赤字が突出して大きいのは政府の規模が大きいからではなく、税収があまりにも少ないため。国債相場が暴落しないのは、消費税率などを国際標準に合わせてゆけば十分に税収があがるという合意が市場関係者にあるからだ。

日本の消費税率は、現在５％です。他国と比較[50]してどのような水準にあるのでしょうか。

「国債相場が暴落しないのは、消費税率などを国際標準に合わせてゆけば十分に税収があがるという合意が市場関係者にあるからだ」というのは、下記のグラフを見れば明らかです。

付加価値税率（標準税率） (単位 %)2011.1現在 財務省

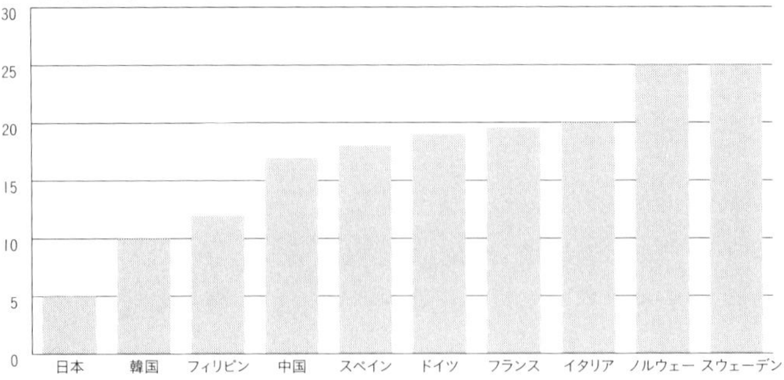

50 EUでは、1993年以降、付加価値税（日本でいう「消費税」）の標準税率（国によっては軽減税率や品目による無税措置が導入されています）は、15%以上と決められています。

国の財政について、国債発行による収入や、国債の償還や利払いの費用を除いて、歳入額と歳出額が均衡した状態を「プライマリー・バランスがゼロ」といいます。つまりその年度の税収だけで出費をまかなえている状態です。税収増によってそこを目指そうということです。

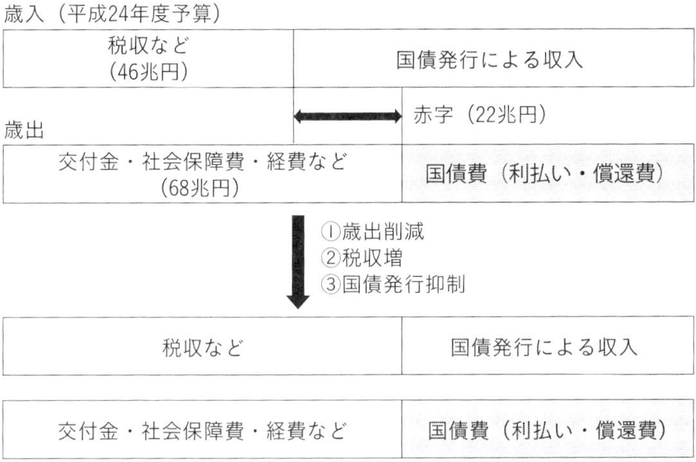

財政再建を課題にする場合に問題となるのは、持続可能性についてです。私たち個人が借金する場合は、死ぬまでに返すという制約があります。ですが国は基本的に持続しますので、永久に借り換えが可能です。その場合、所得（税収）に対して借金残高が安定するかどうか、つまり持続可能性があるかどうかがポイントになります。これを「債務動学の考え方」といいます。債務残高が、名目 GDP に対して、安定していれば、問題はないことになります。

日本の場合は、この債務残高／名目 GDP 比が上がり続けています。この比を現状のまま抑えるため（現在の比であれば、日本では今まで問題が生じたことがないので、持続可能と考えられる）に、先ほどのプライマリー・バランスが重要になります。

債務残高の国際比較（対GDP比）（単位 %）財務省

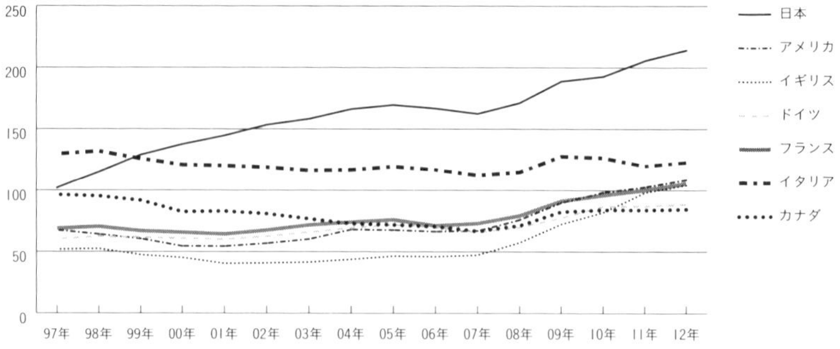

理論上、債務の償還がなく、かつ、新規の借入がなければ、債務残高の伸び率は名目金利に一致するのです。

上の図のように、分母（名目GDP）と分子（債務残高）が同じ率で増大すれば、とりあえず、持続可能とみなすことができます。

分母は名目GDP成長率です。分子の債務残高増加率は、これをすべて借り換えていくとすると、長期金利の利率と同じ率になります。

ただし、これは「過去の債務」分の話ですので、プライマリー・バランスが赤字だと、毎年の債務増加分ずつ分子が大きくなっていきます。

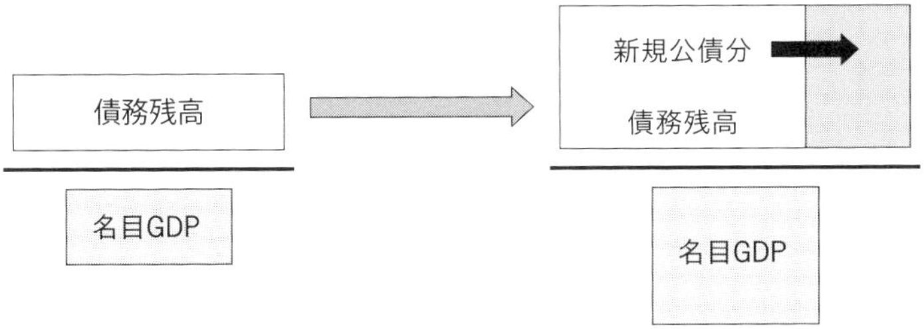

最低限、プライマリー・バランスを均衡させることが、債務残高のGDP比率がこれ以上大きくならない条件なのです。持続可能性という観点からも、プライマリー・バランスは、重要とみなされています。平成24年度予算のプライマリー・バランスの赤字は22兆円ですから、これは消費税率を10％程度まで上げれば均衡することになります。

竹森俊平『経済危機は９つの顔を持つ』日経 BP 社（2009）p430

竹中平蔵　……昔、大蔵省の時代、財政金融研究所にいたとき、変なリサーチをやらされたことがあります。それは経済学の手法なんかは全然使わないもので、こんなリサーチに意味があるのかと最初は反発したのですが、やってみてすごく面白かった。

それは、ナポレオン戦争後のフランス、あるいは、第一次世界大戦の後のイギリスは、どのようにして赤字問題を解決したのかというものです。よく赤字を減らすとか、借金を返すとか言いますが、借金を返した国なんかないんです。借金を返すことなんてできません。

竹森　残高が相対的に小さくなっていったということですね。

竹中　そういうことです。残高を増やさないようにして、その間に経済成長するから、２％成長で30何年したら GDP が２倍になるから半分になると。この手法しかありません。やっぱり成長をすることは、ものすごく重要なことだと思うんです。

ポール・クルーグマン『さっさと不況を終わらせろ』早川書房（2012）p109

債務の対GDP比比較 （単位 %）

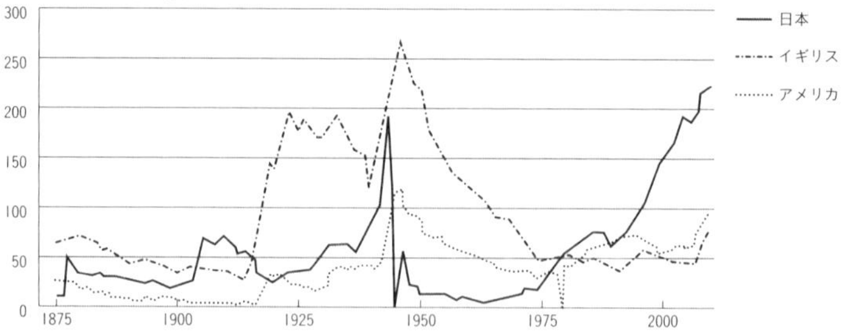

日本でも欧米各国でも、すべての借金を返した国はありません。すべての国のGDPは、1995年よりも増加していますので、公債残高の額面そのものも増加しています（p171グラフ）。借金は、返すものではないことがわかります。どこの国も「借り換え」に次ぐ「借り換え」であり、借り換えができるかどうかが重要なのです。

日本国という企業が、その金利以上に経済成長（GDPの成長）すれば、公債残高のGDP比率は低下します。つまり、「経済成長率＞金利」であれば、政府にとって「借金」は、見かけ上も増えないのです。だから、経済成長が大切だと考えられているのです。日本の場合、プライマリー・バランスが赤字なので、公債残高の対GDP比率が速いスピードで拡大しているのです[51]。

51 実際には、「経済成長率＞金利（ドーマー条件）」を達成するのは難しいのです。日本の場合、過去30年間でこれが達成できた時期は、1980年代後半のバブル経済期の数年以外にはありません。債務残高／名目GDP比をこれ以上大きくさせないためには、わずかでも、プライマリー・バランスの黒字化が必要です（土屋剛俊他 『日本のソブリンリスク』東洋経済新報社〔2011〕p100-101を参考にした）。

小林正宏『通貨の品格』中央公論新社（2012）p109-110

アメリカの公的債務の対 GDP 比は、第二次世界大戦が始まった1941年（会計年度）には50.4%に過ぎなかった。それが、第二次世界大戦が終了した翌年の1946年には121.7%にまで上昇していた。……しかし1960年には、公的債務残高の対 GDP 比は56.0%まで低下した。

1950年代から公的債務残高の対 GDP 比が低下していったのは、公的債務の絶対額の増加を抑制しつつ、名目 GDP が大きく伸びたことが主な要因である。……

戦後のアメリカと逆のパターンがバブル崩壊後の日本である。名目 GDP がほとんど横這いの中で、公的債務残高だけが膨らんでいった。これでは日本の財政が悪化するのは当然であり、いかに公的債務を減らすかよりも、いかに名目 GDP を高めるかを検討した方が問題解決には近道のようにも見える。

アメリカの公的債務残高と名目GDP（1940〜1960年） （単位 億ドル）OMB. 米商務省

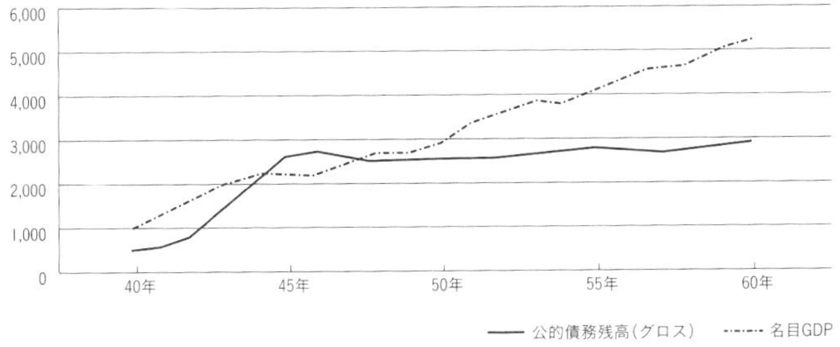

(3) 将来の見通し

「財政再建なお遠く　消費増税　衆院可決　20年度黒字化困難　10%でも社会保障費賄えず」読売新聞2012年6月27日

政府は、国と地方の「基礎的財政収支」（プライマリーバランス、PB）の赤字を、15年度までに10年度の半分に減らし、20年度に黒字転換することを目指している。…… 10%のままでは20年度のPB黒字化には約16.6兆円足りず、これを全額消費税で賄うには、税率を16%程度まで上げる必要がある。IMFも今月、「消費税率を少なくとも15%まで上げるべきだ」と提言した。

消費税率を2014年4月に8%、2015年10月に10%へ引き上げる法案が、平成24年度に可決しました。ところが、10%程度への引き上げではプライマリー・バランスの黒字化にはまったく足りないことが明らかになっています。

理由は、毎年毎年、社会保障費が膨張し、それに伴って、政府予算も毎年1～1.5兆円のスピードで、自然増となるからです。

社会保障給付費　公費負担割合（単位 兆円）
厚労省「社会保障費用統計」「社会保障の給付と負担の見通し」
政府広報オンライン「社会保障と税の一体改革」

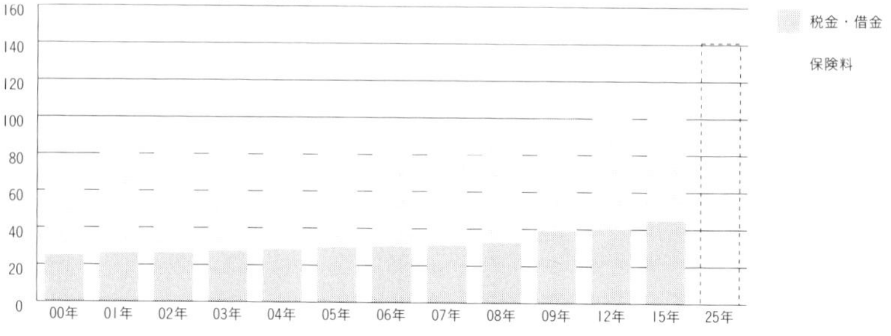

高齢化社会に伴い、年金・医療・介護の支出が増えるのは当然です。現在、それらの社会保障費は100兆円です。そのうち60兆円を保険料収入（年金保険、医療保険、介護保険）でまかなっていますが、残りの40兆円には、税金（国が30兆円、地方が10兆円）が投入されています。たとえば、基礎年金（国民年金）は、その半分が税金です。税金といっても、今まで見てきたようにその半分以上は「公債」です。

公費（税金・借金）負担額　（単位 兆円）

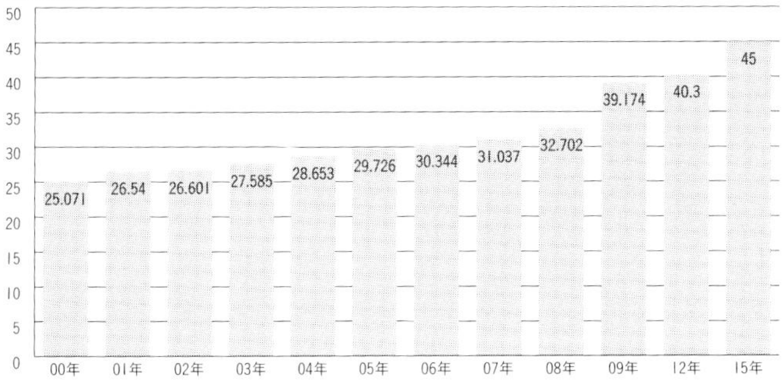

毎年社会保障費が1.5兆円ずつ自然増するとすれば、10年で15兆円になります。これは消費税６％分に相当します。消費税を10％に引き上げても、社会保障費の増加ペースがこのままであれば、「財政健全化のためには税率30％が必要[52]」だと予測されています。

(4)　懸念されること

藤巻健史、週刊新潮2013年２月７日号 p31

投資家たちが冷静に分析し始めているからです。莫大な借金を抱えている日本が破綻しないか、と。……円安による景気回復は劇薬と

52　野口悠紀雄『消費増税では財政再建できない』ダイヤモンド社（2012）p10

なって、財政破綻が早まるとみています。景気が良くなれば、円預金を引き出して株を買う人、円安になればドルを買う人が出てくる。そうなれば、銀行に国債を買う資金がなくなり、国債未達が起きる。或いは、国債の金利が上昇して、政府の国債利払いが払えなくなる。為替も株も国債も大暴落して財政破綻、ハイパーインフレが起こるでしょう。……資産を円から逃がすべきです。

「激突！　アベノミクス　浜田宏一vs藤巻健史」週刊文春2013年2月7日号 p29

……さらなる円安を信じて多くの国民が円を売って外貨建て資産を買えばやはり、国債を買い支えている円資金が枯渇し、財政破綻の引き金を引いてしまいます。

深尾光洋『財政破綻は回避できるか』日本経済新聞出版社（2012）p53

……政府の累積赤字が拡大する。この結果、金利上昇による利払負担が増加するといったリスクが蓄積されていく。

　日本の金融資産の大部分を保有する高齢者層が、政府に対する信頼を徐々になくし、円から不動産や株式、外貨、金などに資金を移動しはじめる。長期国債価格が下落し、長期金利が上昇しはじめる。

では、結局のところ、財政破綻（国債未達＝国債の買い手がいなくなること）は起きるのでしょうか？

西孝『イントロダクション　マクロ経済学講義』日本評論社（2002）p38

……「国の借金がこんな膨大な額になってけしからん」といった議論には気をつけましょう。それを肯定する議論も否定する議論も、それほど単純ではないのです。残念ながら現在のマクロ経済学は、これにちゃんとした答えを出せていません。

清水克俊『国債危機と金融市場』日本経済新聞出版社（2011）p72

……公債の需要は無限ではないから、公債発行の残高には必ず上限がある。この上限に達すると、インフレ課税……によって国家財政を賄わなければならなくなる。
……問題が起こるのは、公債発行の実質利子率が人口成長率を上回る場合である[53]。この条件が満たされると、遅かれ早かれ必ず公債の発行限度額に到達してしまう……。

野口悠紀雄『消費増税では財政再建できない』ダイヤモンド社（2012）p46-49

……金融機関の貸付がゼロになった段階で、国内消化は不可能になる。では Doomsday（終焉の日）は、いつ到来するのだろうか？
……12年度に消費税率を５％引き上げた場合……これは実現できないと考えるほうが現実的だろう。……今後10年以内に国債発行が行き詰まってしまうことは、十分に考えられる。

小黒一正「『成長の壁』と財政の破綻確率」『経済セミナー』日本評論社（2010）10・11号、p35-36

……財政破綻確率（数年後の公的債務残高〔対 GDP〕が250％を超過する確率）を推計……。……基礎的財政収支（対 GDP）の赤字幅が▲５％のケースで評価すると、10年後の財政破綻確率は41.9％もの値となる。

結論からいうと、「公債発行残高の対 GDP 比率が○○％になると破綻する」などという、明確な指標はありません。

53　想定しているのは、「実質成長率＝１人あたり実質 GDP 成長率＋人口成長率」であると思われます。

説明してきたように、「国債は政府の借金＝国民の財産」であり、「国債は円通貨そのもの」だからです。政府が借金を増やせば増やすほど、われわれの金融資産は増えます。

貯蓄（S）で、国債のほかに買うものといえば、投資（I）部分にあたる株式・社債、あるいは外国への投資（EX－IM）にあたる外国債、外国株、外国預金、外国通貨購入などしかありません。カネを投資できる箱は、三つしかない[54]のです。

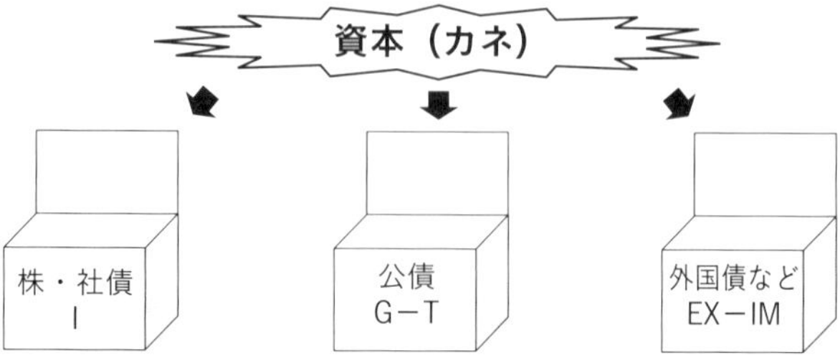

「生保・年金マネー、外債へ」日本経済新聞2013年４月23日

国内の生命保険会社が日本国債の購入を増やしてきた運用方針を見直し、外国債券の投資を増やす。日銀の積極的な金融緩和で長期金利が低下し運用収益の確保が難しいため……。金利低下が進むことで、日本国債中心の運用では生命保険契約者に約束した利回りの確保が難しくなりつつある。……価格変動が大きい株式の購入増は生保の健全性を示す指標の低下につながるため……「代わりに増やせるのは外債ぐらいしか見当たらない」……。

「国債は資産としては危ないが、株や社債、外国株・外国債は大丈夫

54　プラチナ、金、小麦、大豆、石油などの先物取引の場合も、Iまたは（EX－IM）になります（どちらになるかは条件によって異なる）。

だ」、「会社の借金は問題ないが、政府の借金は問題だ」というのは、まったくおかしな話です。

政府の負債は1133兆円ですが、会社の「借金（株・社債など）」も1124兆円あります（「借金」は表現としてはナンセンスですが）。「株や社債といった資産が増えるのは歓迎され、国債が増えるのはまずい」というのは論理として通用しません。

国債未達ということは、「円」通貨そのものに対する信頼がなくなったということを示します。円安、インフレです。そうなると、「国債は国民の財産」でもありますから、その価値が下がります。「政府の借金」は目減りしますが、「国民の財産」も目減りします。

財政破綻を避けるための方法には、ここまで見てきたように①増税や歳出削減がありますが、もう一つ方法があります。それが②インフレです。

日本が原理的に倒産・破綻できないのは、内国債「円建てによる借金」だからです。簡単にいえば、未達だろうが、「国債価格下落＝金利上昇」で買い手が少なくなろうが、日銀が「円札」を刷って国債を買えば（日銀引き受け）、永遠に国債を購入することができます。

財政法第五条

すべて、公債の発行については、日本銀行にこれを引き受けさせ、又、借入金の借入については、日本銀行からこれを借り入れてはならない。但し、特別の事由がある場合において、国会の議決を経た金額の範囲内では、この限りでない[55]。

55　実際には、すでに日銀引き受けは行われています。平成23年度予算で12兆円ほどです。国会の議決を経る予算総則には、「……ただし書の規定により政府が……発行する公債を日本銀行に引き受けさせることができる」との文言が、すでに入っているのです。借換債です。予算案成立と同時にやれるようになっています。通貨の信認を失うものではありません。

未達の場合は、「特別な事由がある場合」だと、国会で議決すればよいのです。「100兆円を引き受けさせる」、「200兆円を引き受けさせる」ことも可能です。そのかわり、発行銀行券の総量（マネタリーベース）が膨張し、インフレ・円安が加速します。

工藤教孝「やさしい経済学」日本経済新聞2013年２月１日

……政府が国家予算の不足分である財政赤字を、日銀にお金を印刷してもらって賄うとどうなるでしょうか。有権者に不人気な増税で財源を補う必要はなくなり、国債を発行し、日銀に購入させるだけで済みます。「日銀引き受け」です。……

日銀が政府の財政赤字を補填するような形で金融緩和を進めてインフレを起こすことは可能です。ただ、これは通貨価値の毀損を伴います。実行には「円の価値を下げる」という日銀の強い決意……が必要だと考えられます。

さらに、国には「増税する」という選択肢があります。

岩田規久男『経済学的思考のすすめ』（2011）筑摩書房　p35

国民が国の返済能力を疑って、国債を買おうとしなくなるなら、国には家計と違って課税権があるから、増税して、財政支出を賄えばよい。……日本のどの政党が政権をとろうとも、借金を棒引きして、党の信用を失うという、間抜けなことは決してしない。増税の道を選ぶはずである。すなわち、国家破産を選択する政権党はありえない。

やはり日本は、原理的に破産できないのです。

(5)　金利上昇

「『高橋是清』財政は『意図的財政ファイナンス』の先駆けだった　ではアベノミクスは」木村正人のロンドンでつぶやいたろう　2013年２月21日

――どの時点で長期金利が上昇を始めるのか誰にも分からないのか

田中隆之（専修大）「その分岐点はわからない。経済学の中にも、定量的なメドを提供する理論はない、といって良いと思う。対外純資産、フローの経常収支、通貨の安定などが関係するが、要は市場の思惑にゆだねられており、国が国債を償還できない、インフレという形、つまり消費税増税その他の納得ずくの増税ではなく『インフレ税』という非民主的、暴力的な手段でしか債務を減らすことができない、と市場が見切った時に財政インフレが起きるのだと思う」

現在、長期金利の目安とされる、10年物国債の金利は、0.7％台です（2013年２月現在）。これがどの程度上昇すれば、「危機」なのでしょうか。

日本の長期金利の推移 （単位 %）外務省 日銀

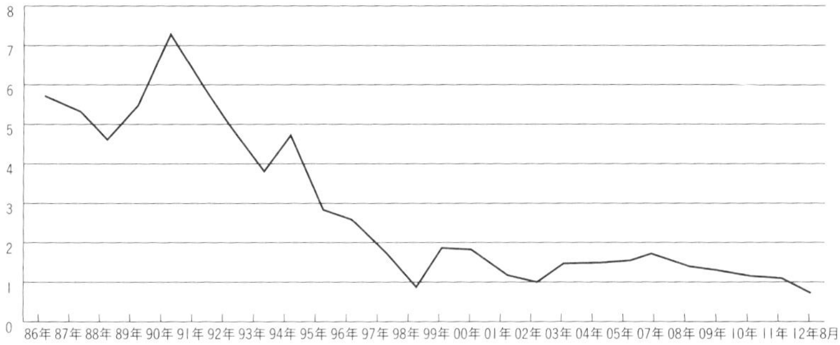

金利は、好景気時には上昇します。

景気が良いと、投資意欲が高まって現金が必要になるため、企業は金融機関から資金を借り入れ、手持ちの債券などを売ります。これに伴って、銀行は金利を上げます。借り手は多くいるからです。銀行も、貸出資金を確保するために、手持ちの債券（社債・公債）を売ります[56]。これも、金利上昇の圧力となります。

好景気で消費が拡大すると貯蓄意欲は減退します。銀行はほかに貸す資金がほしいので、金利を引き上げて預金を集めようとします。

また、インフレ時には金利は上昇します。モノ・サービスの値段は上昇傾向なので、工場や店舗を建てるのも、資材を購入するのも、「早めにしておこう」と投資が活発化するからです。

金利の上昇は、景気の観点からは望ましいのですが、大量の国債を保有する銀行にとってはそうとばかりもいえません。

「金利上昇＝国債価格下落」です。国債価格が下がると「金融機関に損失が発生する」といわれることがあります。一つには、銀行が国債を売却することによって利益を得ているからなのですが、もう一つ理由があります。国債は銀行にとって自社の株式と同じように自己資本に組み入れられているのです。これは国債が安全な資産とみなされているからです。ただし、銀行の自己資本に組み入れた国債は時価会計（買ったときの値段ではなく、今の実際の値段）なので、「金利上昇＝国債価格下落」の場合には、自己資本が目減りするというリスクがあるのです[57]。日銀の予測（2012年４月金融システムレポート）では、仮に金利が１％上昇した場合には、大手銀行で3.4兆円、地方銀行で３兆円の評価損が予想されるとしています。

56　株券は手ばなしません。景気が良くなるということは、株価が高くなるということだからです。

57　銀行にとって、貸し出すことのできるカネは自己資本＋預金です。自己資本が減ると、貸出金を減らさなければならなくなります。国際的な取引をする銀行（日本でいえばメガバンク）は自己資本比率が８％以上でなければならないとの取り決め（BIS規制）があります。

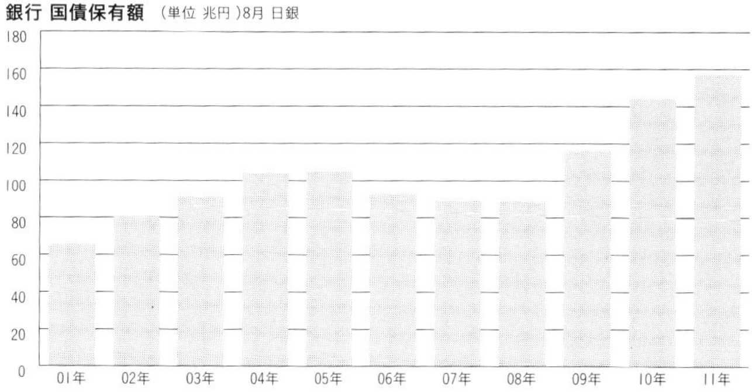

ただし、国債価格が暴落して銀行が損をするのは、手持ちの国債を暴落時点で売った場合です。現在の会計上、満期まで保有すれば、市場でいかに国債が暴落しようと、額面通りの償還額が得られます。

さらに、金利上昇によって価格が下がるのは、今後発行される国債に限られます。「約1000兆円の借金があって金利が２％上がれば、単純計算で20兆円、利払いが増えることになる」ということではありません。「日銀金融システムレポート（2013年４月）」によれば、長期金利が３％上昇して（トータル４％弱になって）も、銀行の自己資本基盤が債券時価損失によって大きく損なわれることはないと試算されています。安定性が失われるわけではありません。

⑹　インフレ

インフレというのは、モノの値段が上がり、通貨価値が下がることでした。インフレは、実は増税と同じことで、別名「インフレ税」といわれることもあります。

自民党安倍政権になり、日銀との共同宣言で、「２％の物価目標」を掲げました。不思議ですが、これは、「毎年２％増税するよ」と同じことなのです。

100円のカップめんが翌年に110円になったとします。10%の価格上昇です。そうすると、通貨価値は10%下落したことになります。

100円の預金を持っている人がいるとします。これで100円のカップめんを1個買えます。翌年に10%物価が上がると、100円の預金では110円になったカップめんを0.909個しか買えません。これは、1年前の100円が、今日は90.9円の価値しかないことをあらわします。100万円貯めてクルマを買おうとしても、その100万円は今では90万9000円の価値しかないのです。家を買うために貯めた1000万円の頭金は、909万円の価値しかないことになるのです。

100円の預金を下ろし、今年カップめんを買おうとすれば、10円余計に払わなければなりません。これは、消費税を10%にしたことと同じなのです。1年前の現金に対して、10%課税したのと同じことです。

毎年、2%ずつインフレになると、10年後には次のようになります[58]。

	1年後	2年後	3年後	…	10年目
100円のモノの値段	102円	104.04円	106.1円		119.5円
100万円の預金価値	98万円	96.1万円	94.2万円		82.03万円

100万円の預金は、10年後には、82万円ほどの価値しか残っていません。このように、インフレは、資産に課税することになります。計算(理論)上は、毎年預金をしても、毎年2%の納税することと同じになります。インフレになれば、預金の金利や給与も上がるかもしれませんが、「資産課税」という本質的な点は変わりません。

58　約7%のインフレで、10年後には、「モノの値段は2倍」「預貯金の価値は半分」「借金の負担も半分」になります。

家計金融資産　（単位 兆円）日銀

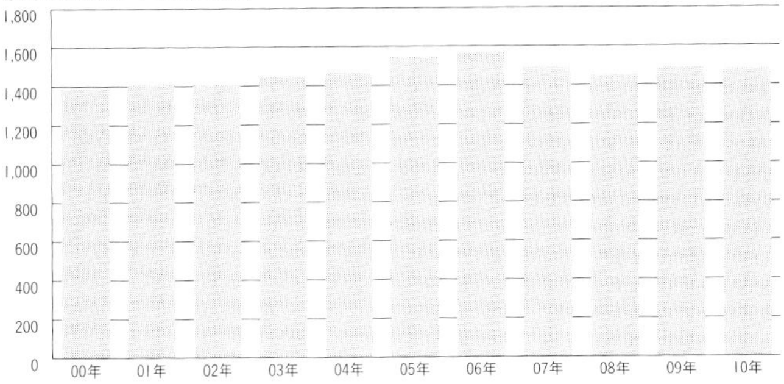

1500兆円の家計金融資産のうち、特にその半分強を占める現金預金はその価値がインフレによって目減りします。

家計金融資産 比率　（単位 %）日銀 2011年第2四半期速報

一方の、国債はどうなるでしょうか。

国債は10年後に元金を返済しますが、毎年のインフレ率が２％の場合、10年後に100万円返済してもらっても、価値は82万円分しかありません。返済する側の国にとっては負担が減りますが、返される方にとっては価値が減っています。「10年前に100万円貸したのに、82万円分（額面は100万円です）しか返ってこなかった」ということになります。このように、インフレは、借金を実質的に減らすのです。

インフレ率が50％になれば、借金の額は実質的に（感覚として）半分になります。ハイパーインフレになれば、文字通り、借金は「消えてなくなります」。そのかわり貸した方にとっても、貸した金が消えてなくなります。1回のタクシー代が100万円になっていれば、10年前に預金した100万円にはたいした価値はありません（このような例が、一般誌をにぎわせています）。

たとえもっと緩やかなインフレでも、預貯金の価値は確実に目減りします。ですから、「日銀が『円札』を刷って国債を買えば（日銀引き受け）、永遠に国債を購入することができる」という状態は、借金（国債）もチャラですが、資産（貸した方）も無価値になるということです。

すなわち、財政破綻を避けるための方法①増税、②インフレという二つの方法は、どちらも本質的には同じことなのです。

「国庫残高1万9700円、ジンバブエ財務相が公表」AFP＝時事　2013年1月31日

ジンバブエ国庫金の残高は、現在たった217ドル（約1万9700円）――。ジンバブエのテンダイ・ビティ財務相が29日、首都ハラレで記者団に国家の苦しい台所事情を明らかにした。前週、公務員給与を支払ったところ、国庫には217ドルしか残らなかったという。

「国家財政は目下まひ状態だ。目標は達成できていない」と説明したビティ財務相……10年間で、ジンバブエは2億3100万％という世界最悪のハイパーインフレを経験。急激な物価上昇に伴い、インフラも崩壊した。

……国民投票や総選挙の資金が不足していると訴えていた。ビティ財務相によれば、「もはや各国政府に資金援助を要請するほかない」という。

ジンバブエは、ハイパーインフレの国として有名です。原因はもちろん、お札の刷りすぎです（一方、国内のインフラを政府自らが破壊し、極端な物不足になったというのも一面の事実です）。1992〜2007年の15年間で、現金流通量が8000万倍に増えました。2009年には「500億ジンバブエドル紙幣」の発行をしました。

N・グレゴリー・マンキュー『マンキュー経済学Ｉミクロ編』東洋経済新報社（2004）p18

第９原理：政府が紙幣を印刷しすぎると、物価が上昇する

……インフレは何によって引き起こされるのだろうか。大幅で持続的なインフレについては、そのほとんどが同じ原因によって発生することが明らかになっている。それは貨幣供給量の増大である。政府がその国の貨幣供給量を大幅に増やすと、貨幣の価値は下落する。

日本でこのようなハイパーインフレは起こるのでしょうか？

「たとえば日銀の資産を1000兆円に増やすと、ハイパーインフレが起ることは明らかだ[59]」という説もあります。確かに、発行銀行券を今の10倍にすれば、円の価値も瞬く間に下落するでしょう。

しかし、それだけの銀行券を発行するには、日銀の資産を増やさなければなりません。そのために「国債を買う」とすると、日本で発行されている国債は700兆円なので、それを全部日銀が買わなくてはなりません。さらに、東証一部の時価総額が300〜400兆円なので、これらも購入すれば、しめて1000兆円の資産ができあがります。つまり日銀が日本のほとんどの資産をすべて買うということであり、上場企業もほとんど日銀所有になります。

59　池田信夫『インフレは起こらないがハイパーインフレは起こる』アゴラ2012年11月19日

金融資産・負債 5700兆円の内訳 (単位 兆円)2012年9月現在 日銀速報

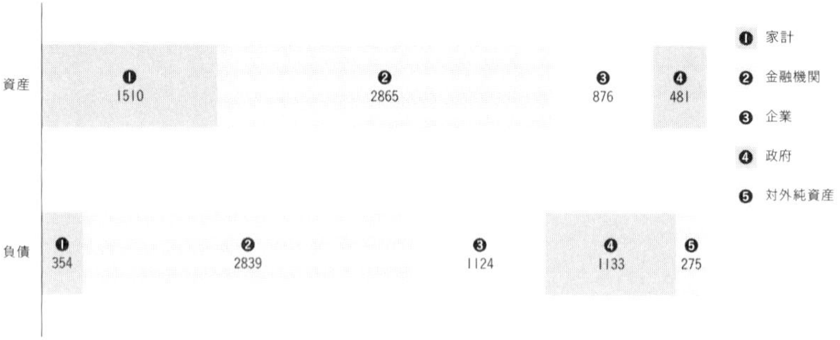

その場合、日本の金融資産もガタガタになります[60]。上のグラフでいえば、家計資産と政府負債だけがおかしくなるのではなく、表全体がおかしくなります。

> **伊藤隆敏「『期待』への働きかけ強化を」日本経済新聞2013年３月25日**
> 無理やりインフレを起こすことを「リフレ」と呼び、いったんインフレが起きると止まらなくなる危険がある、さらに金利が高騰して財政危機が起きると批判する人もいる。しかし、この「リフレ＝ハイパーインフレ論」は、インフレ目標政策のことを全く理解していないものである。インフレ目標政策は、現在の日本ではデフレ脱却を意味するが、本来は２％を安定的に維持する政策だからだ。

いずれにしても、歳出削減と歳入拡大を目指す「社会保障と税の一体改革」は、避けて通れない課題なのです。

60　日本は終戦直後、インフレ率が300％になりました。理由は、戦争で国富の1／4を喪失し、まったく生産ができなかったところに、大量の引揚者（台湾・満州・朝鮮半島・帰還兵）が生じたことで極端な物不足に陥ったこと、戦争中に増発した国債償還のために、日銀がお札を刷ったことにあります。結局、インフレを終息するために、新円切り替えが行われ、旧円預貯金の引き出しは制限され、今でいう郵貯などの資産は、文字通り紙くずになりました。

コラム　ギリシャ債務危機とは

ギリシャと日本の国債の大きな違いは、ギリシャの場合、７割が外国からの借金で、日本の場合は、内国債であるということです。内国債の場合は「円」で返済しますので債務不履行（デフォルト）は起きませんが、外国に国債を買ってもらっている場合は、外国資本が引きあげると、直ちに、資金不足に陥ります。1998年のロシア、2001年のアルゼンチンや、古くは1997年のアジア通貨危機も同じ構図でした。アジア通貨危機の韓国の場合、猛烈なウォン安となって、外国に対して借金が返せなくなったのです。

「初の米ドル建て債」日本経済新聞2013年２月23日

三菱UFJリースは22日……米ドル建て社債を月内に発行……。５年物で５億ドル（約460億円）、利率は２％。米国を除く海外市場で発行する。

上記は、５億ドル外貨建て債券です。返済も５億ドルです。１ドル100円が200円に暴落した場合、返済額は460億円から920億円と倍増してしまいます。円建て債券460億円の場合は、円が暴落しても、安くなった460億円＝2.5億ドルを返済することになります。これが外貨建て債券と内国債の違いです。

「ギリシャ財政、EUが監視」日本経済新聞2012年２月22日

欧州連合（EU）は21日のユーロ圏財務相会合で、EUと国際通貨基金（IMF）によるギリシャ向け第２次金融支援（追加支援）を合意した。……第２次支援は総額1300億ユーロ（約13兆6500億円）……。民間債権者は額面で約2000億ユーロのギリシャ国債を保有……。昨年10月時点で民間債権者は保有する国債の元本を50%削減することでEU側と合意（筆者注：11年10月、EUによる1300億ユーロ［13兆7500億円］の融資、ギリシャ債務の50%削減が決定）。

「ギリシャ、無秩序デフォルト回避へ」日本経済新聞2012年3月8日

……民間投資家は新たな国債などと交換する形で、保有国債を実質7割以上削減することを求められている。

リーマン・ショック後の財政拡大政策は、景気を下支えしましたが、各国の財政状況を悪化させました。

ギリシャは2009年の財政赤字の対GDP比を3.7→12.5%に訂正（虚偽報告でした）し、同国の国債に対する信用が急落しました。2010年には、欧州中央銀行（ECB）やIMFによる緊急融資が行われたものの、同国のGDP成長率は低迷し、長期金利は上昇（＝国債価格下落）しました。

財政に対する信用不安は、南欧からさらに中欧・東欧にまで拡大し、ECBは12年2月末、800の金融機関に5300億ユーロ（56兆7000億円）を供給しました。11年末以来総額1兆ユーロに上ります。

ユーロ圏は、先進工業国のドイツ、観光や軽工業を中心とする南欧、社会主義国だった東欧まで、経済の発展段階が多様です。そこで、ユーロ採用が認められるには、(1)財政赤字・政府債務の削減 (2)ユーロ導入前の元の通貨の安定 (3)インフレ率・長期金利の引き下げ等のユーロ参加基準を満たす必要がありました。

ギリシャ経済成長率 長期金利

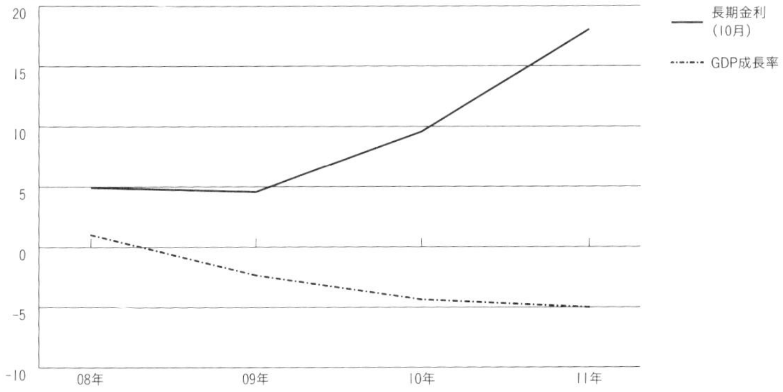

特に（1）財政赤字については、GDP比3％以下、政府債務については GDP比60％以下にすることが求められ、加盟後であっても、是正勧告に違反する場合は、制裁として供託金（罰金）が科せられる[61]仕組みとなっています。

ユーロに加盟するメリットとして、（1）為替リスクの低減（2）財政の信任による金利低下があります。（1）「1ユーロ＝○○通貨」の変動を気にすることなく、安定して投資資金を呼び込むことができ、（2）資金を借り入れる際の、国債金利低下・それに伴う各種長期金利の低下がもたらされました[62]。ギリシャは低利融資により、放漫財政を加速させました。

61　実際には、99年以来、財政赤字GDP比3％超えでも、厳格な適用は行われておらず（独仏さえ守れず）、ギリシャ債務危機など欧州金融危機を招きました。

62　南欧国では国外からの資金投資が増え、住宅バブルや、放漫財政につながります。ギリシャでは旧通貨ドラクマ時代の長期金利はドイツより3％以上高かったのですが、加盟後は金利差がなくなり、低金利によるEU圏銀行からの借り入れが可能で、財政再建は先送りされ続けました。

ギリシャの政府支出と公務員人件費　（公務員人件費／GDP比 単位 %）内閣府『世界経済の潮流 2010』

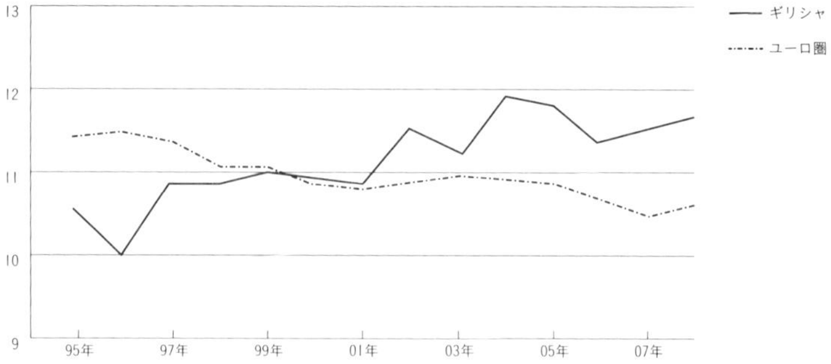

ギリシャ国債利回りの推移　（単位 %）内閣府『世界経済の潮流 2010』

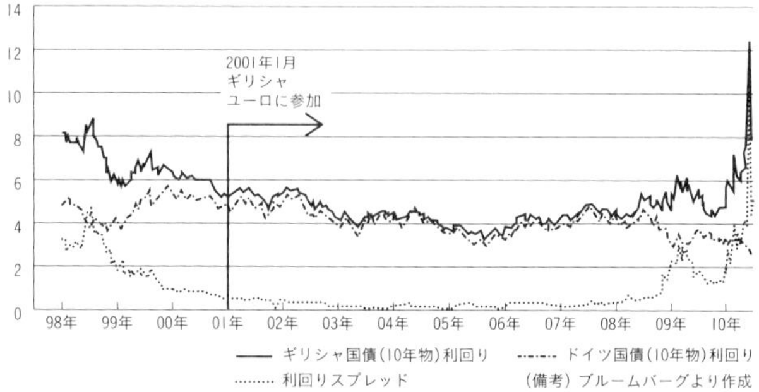

ユーロに参加するデメリットとしては、「金融制度のトリレンマ（同時に達成できない三つの要素）」の一つ、「金融政策の独立性」を失うことです（金融制度のトリレンマについては238ページでも詳しく説明しています）。

●ユーロ圏の場合

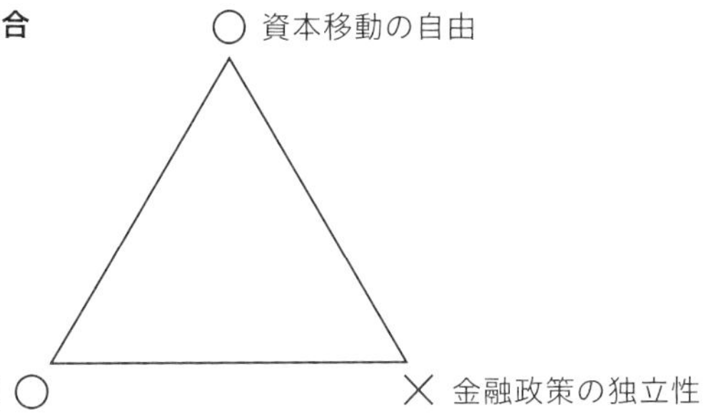

	日本、米、ユーロ(対ユーロ圏外)、英 etc	ユーロ圏内	中国
資本移動の自由	○	○	×
固定相場制	×	○	○
金融政策の独立性	○	×	○

資本（カネ）移動が自由な場合、固定相場制を維持することはできませんが、各国中央銀行は低金利政策や、量的緩和などの金融政策は自由に行えます。

中国は、通貨元の国外持ち出しを事実上制限しているため、中央銀行は経常黒字分のドルを元と交換（事実上の固定相場制）します（結果、外貨準備は増大する）。金利政策は自由に行えます（2012年以降は円と元の交換を認めていく方向に変更）。

ユーロ参加国の場合、金融危機や不況の際、金融緩和政策（低金利政策や、量的緩和）による投資増・輸出回復で景気回復を図ることができません。ギリシャ旧通貨ドラクマの時代であれば、金融緩和によるドラクマ安で借金を実質的に減らすことが可能でした。

この金融危機に対しEUでは、抜本的な対策がなされることになりました。

（1）ESM（欧州安定メカニズム）の設置

資金繰りが困難になった国を支援するためのユーロ圏金融安全網。ドイツ・フランスなど17カ国が出資し、5000億ユーロ（約50兆円）の基金で、財政危機に陥った国を支援する。12年10月スタート。

（2）ECB（欧州中央銀行）による支援

2012年９月６日、ECBが、条件付きながら、無制限の国債購入に踏み切る。

これらの措置によって市場の南欧売りは沈静化し、長期金利は低下に向かっています。

長期金利　（単位 %）欧州中央銀行

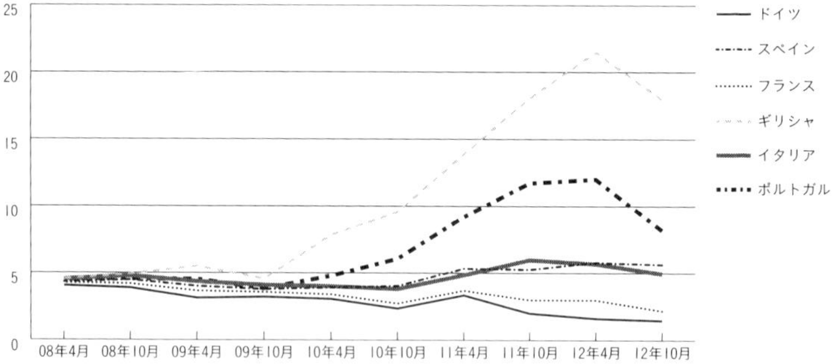

第６章　財政政策と金融政策

１．財政政策とはなにか

『詳説　政治・経済』山川出版社（2013）p109-110

政府（国および地方公共団体）の経済活動を財政といい……景気の調節機能がある。……不況が深刻化したときには、公共事業をおこなうことで財政支出を増加させたり、所得税を減税するなど政府は積極的な財政政策で景気の回復をはかっている……。さらに金融政策と組み合わせる（ポリシー＝ミックス）ことにより、安定した経済運営をはかっている。

マクロ経済政策には、財政政策と、金融政策があります。財政政策は政府が行い、金融政策は中央銀行（日銀）が行います。マクロ経済政策の目標とは、物価の安定、雇用の確保、経済成長などです。財政政策と金融政策は、これらの目標を達成するための手段です。

財政政策とは、政府支出や税収を調整することです。金融政策は、金利やマネーストック・マネタリーベースといわれる貨幣量を調整することです。

たとえば、不景気のときには、公共投資を増やし、減税を行うことによって、消費を刺激します。また、金利を下げることによって、企業の投資を活発化させます。

	財政政策	金融政策
不況時	減税 公共投資拡大	低金利 資金量拡大
景気過熱時	増税 公共投資減	金利 UP 資金量低下

内閣府によると、日本全体の需要と供給の差を示す「需給ギャップ」は、2012年現在、年換算で15兆円と試算されています。これを GDP の式に入れてみると、こうなります。

総供給（Y）－15兆円
＝家計（C）＋企業（I）＋政府（G）＋純輸出（EX－IM）

総供給能力	Y	
総需要	C + I + G +（EX－IM）	

需給ギャップ15兆円

言い換えれば、総生産 GDP（＝総所得 GDI）が15兆円も減る計算でです。売れないのですから、企業は生産を縮小し、労働者数を減らします。ますます、経済規模が縮小（GDP 減）してしまいます。

だから、需要（総消費）に15兆円を加えてやる必要があります。15兆円をプラスできるのは、家計でしょうか、企業でしょうか、政府でしょうか、純輸出でしょうか？　家計は消費を節約しています。企業も投資を控えています。輸出は前代未聞の落ち込みでした。

残りは政府しかありません。政府が支出を15兆円増やせばよいのです。そこで、政府は、この需給ギャップを埋めるために、13兆1054億円の補正予算を組みました。公債発行額は５兆2210億円です。2012年度補正予算13兆円を成立させたのは、こういうわけです。これが財政政策です。

財政政策は、前章で見た金融政策と組み合わさって、市場を安定させたり、経済の成長を促進したりしています。

2008年のリーマン・ショックに端を発する世界的大不況での両者の連携を見てみましょう。日銀は金融政策として、政策金利を0.2％引き下げ、年0.1％としました。急速な円高や景気後退の深刻化に手を打ったのです。2010年以後は、量的緩和を再開し「資産買入等の基金」を創設しました。

2009年４月２日の金融サミットでは、首脳声明として、次の２点が確認されました。

①成長を回復するために必要な規模の継続した財政努力を行うこと
②中央銀行はあらゆる金融政策を活用し、緩和政策を維持すること

その合意に基づき、金融政策では、各国協調のもと、金利の引き下げが行われました。

各国 政策金利（単位 %）OECD

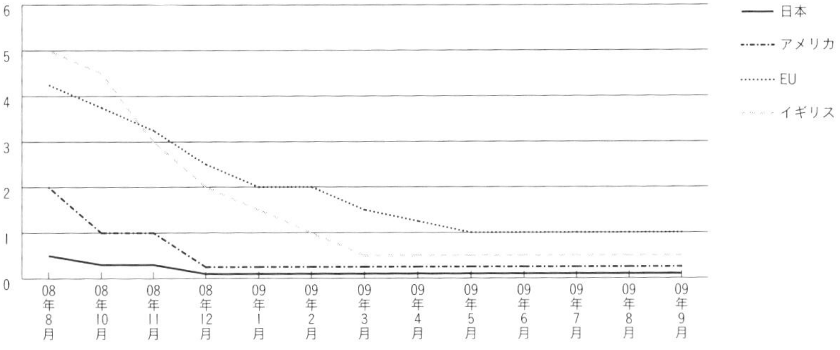

また、財政政策においては、過去最大規模の財政出動を行い、政府支出の割合も過去最高の水準となりました。

財政政策		
日本	米国	EU主要5カ国
13兆9256億円	7827億ドル	3246億ユーロ

その効果については、経済学者の間では立場の違いで議論が分かれるのですが、結果的にV字回復が成し遂げられています。財政政策＋金融政策の有効性は実証されたのです。

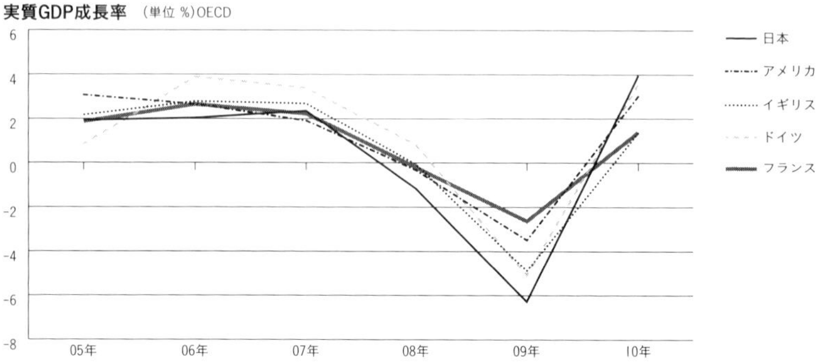

また、2011〜2012年の不況に対しても、政府と日銀は、それぞれ財政政策・金融政策を発動しています。

財政政策と金融政策は、下図のように、それぞれの担当範囲に働きかけ、分担して経済を安定させているといえます。

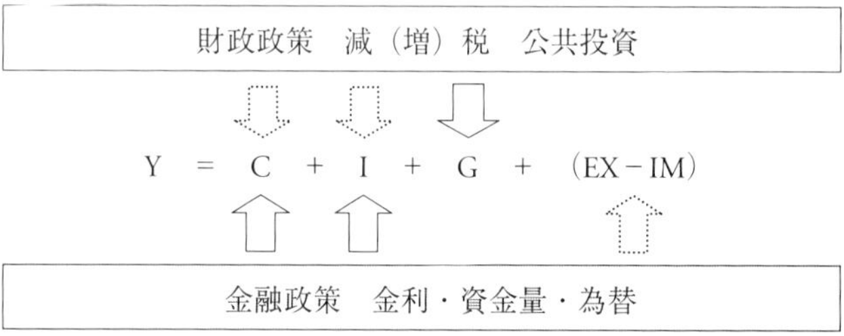

2．財政政策・金融政策を検証する（IS-LM 分析）

このような財政政策・金融政策の組み合わせを考える際に、参考にされる分析方法が、「IS-LM 分析」といわれる手法です。ケインズの「有効需要」の原理を、ヒックスという経済学者（ノーベル経済学賞受賞）が簡潔に示したものです。もちろん、IS-LM 分析で、すべての経済政策を説明できるわけではありませんが、政策の全体像を見るには適した理論（モデル）です。ケインズ経済学ですから、古いモデルではありますが、実際に、内閣府でも日本のシンクタンクでも活用されています。経済学の入門書で必ず出てくる初歩の初歩です。

『2012　新政治・経済資料』実教出版 p191

ケインズは、国民所得決定のしくみを解明し、有効需要の不足に、不況下での失業発生の原因があるとした。不況を克服して完全雇用を達成するためには、新しい投資需要が必要であり、そのために国家が経済に介入（財政・金融にわたる政策）するべきであるとした。

桑原進『史上最強図解マクロ経済学入門』ナツメ社（2010）p156

……最新のマクロ経済学では、動学的確率的一般均衡モデル（DSGE モデル）という短期モデルと長期モデルを総合したモデルが用いられている。……しかし、米国でも、政策を実行する上では今でも、内閣府と同様の構造を持つモデルの結果を参考にしており、必ずしも最新のモデルが信頼されているわけではない。

江口允崇「やさしい経済学」日本経済新聞2012年４月30日

経済学というのは、前提によって結果が全く変わる。伝統的ケインズモデル（筆者注：IS-LM モデル）にしろ、DSGE モデルにしろ、完璧なモデルなど存在しない。有用な点と間違っている点があるので、使いようが肝心なのである。

IS-LM 分析では 2 つの曲線を用います。

IS 曲線は、財市場（モノ・サービス＝いわゆる商品）の需要と供給を均衡（バランス）させるような利子率と国民所得の組み合わせの集合を示します。IS の I は Investment（投資）、S は Saving（貯蓄）です。

LM 曲線は、貨幣市場（金融市場）の需給の均衡を維持する利子率と国民所得の組み合わせの集合を示します。L は Liquidity Preference（流動性選好）です。M は Money Supply（貨幣の供給量）です。

まだこれだけでは何のことかさっぱりわからないと思いますが、順を追って考えていけば決して難しいものではありません。

まずは LM 曲線の方から見ていきます。

(1) LM 曲線

LM 曲線は、貨幣市場（金融市場）の均衡（バランス）を維持する利子率 r と国民所得 Y の組み合わせの集合を示します。貨幣市場の均衡とは、「貨幣の需要」と「貨幣の供給」が一致する点のことです。

貨幣の需要が多いときは、需要＞供給なので、利子率 r がアップします。

たとえば、景気の上昇局面です。企業は積極的に投資を拡大しようとします。銀行からの借り入れによってその資金を調達します。「貸してほしい」という企業数が増えますので、銀行は「もっとも高い利子率 r」を示したところに融資します。

逆に需要＜供給の場合は、利子率 r はダウンします。不景気の場合、企業は投資を控えます。銀行は借りてほしいので、利子率rを下げます。企業は「もっとも低い利子率r」を提示した銀行から融資を受けます。

貨幣需要

貨幣の需要というのは、「取引需要＋資産需要」の総量です。「取引需要」とは、毎日の買い物や、企業による銀行からの借り入れなど、「取引」するために貨幣を必要とする需要のことです。一般的に、われわれの所得GDP＝Yが増えると、「取引需要」は増えます。私たちは、給料やアルバイト代が増えたら、モノやサービスの購入を増やそうとします。日本全体のマクロ経済活動が活発化すると、取引に必要な貨幣の需要も増加します。

「資産需要」とは、「資産として貨幣（現金・預金）を持とう」という需要のことです。貨幣は富を貯蔵する手段にもなります。また、国債・社債などの債券需要というのもあります。

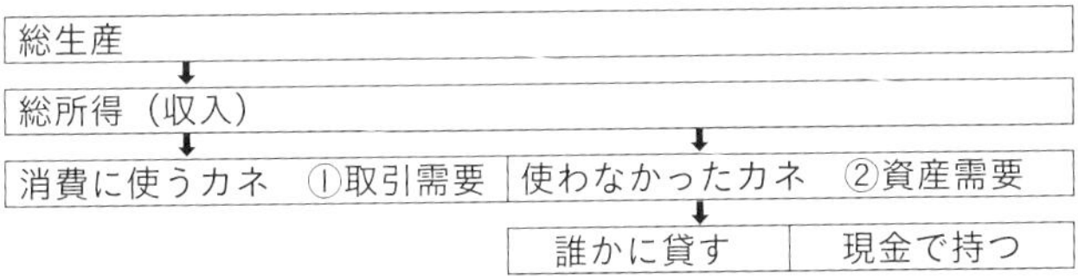

図でいうと、「消費に使うカネ」が「取引需要」です。また、「使わなかったカネ」が「資産需要」です。

債券需要は、利子（収益）率rが高くなると、増えます。利子（収益）率rが高くなると、「現金・預金」より、「債券」で持とう（＝投資しよう）という人が増えます。利子率なら、今使う「現金・預金」を最低限にして、「債券」で運用（投資）しようとします。逆に、利子（収益）率が0.01％なら、「債権なんか持たない（投資なんかしない）で、現金で持っていても同じだ」と考える人が増えます。「資産需要」は利子

（収益）率 r により増減します。誰かに貸すか、現金・預金で持つかには、利子（収益）率 r が影響します。

貨幣供給

貨幣供給とは、中央銀行（日銀）が管理しているマネタリーベースのことです。こちらは、日銀が、利子率とは関係なく確定できます。政策によって決められますので、ここでは所与の数値（一定の数値）として扱います。

はじめに、貨幣市場の需要と供給が均衡しているとします。

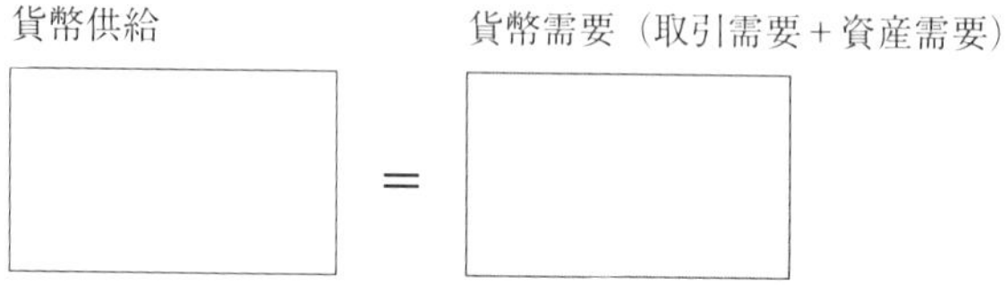

この状態から、国民所得 Y と利子率 r が変化したとします。われわれの所得 Y（＝ GDP）が増えると、「取引需要」は増えますので、世の中でより多くの現金・預金が必要になります。すなわち、貨幣需要が増えます。

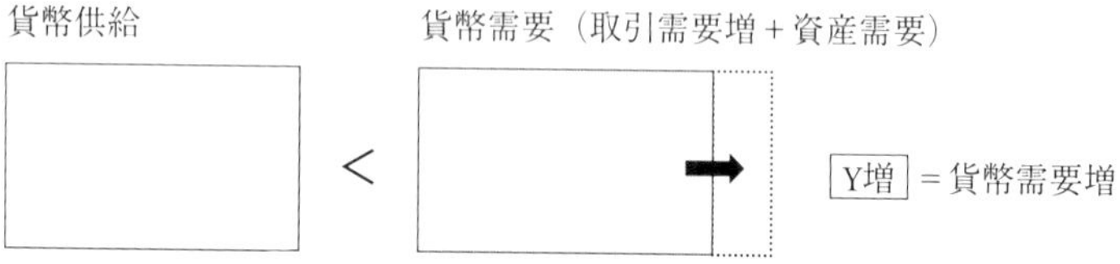

しかし、これでは需要＞供給となり、均衡がとれません。貨幣の需給が均衡するためには、利子（収益）率 r の上昇によって、「資産需要」を減らす必要があります。

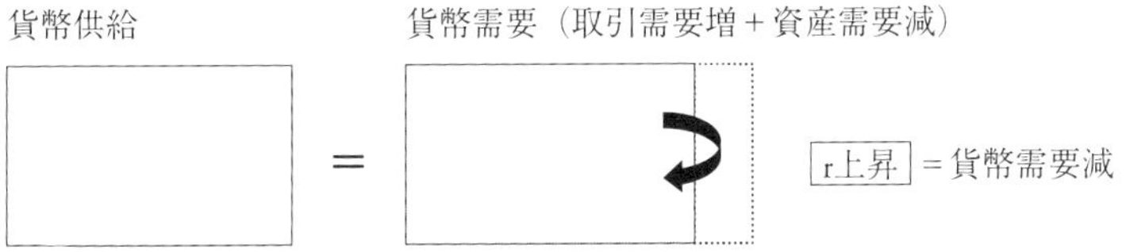

逆に、Yが減少したときには、取引需要が減少するので、それに伴って、rが低下して資産需要が増加します。

貨幣市場を均衡させる国民所得Yと利子率rとの関係を示す曲線をLM曲線といい、右上がりで描かれます。

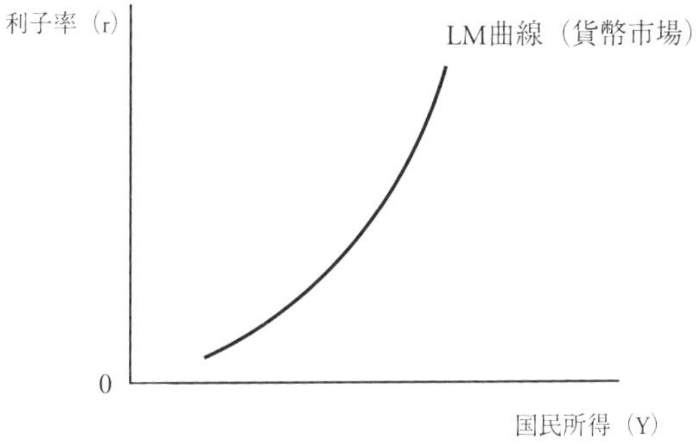

(2)　IS曲線

GDPの三面等価において、総需要Yは、C＋I＋G＋（EX－IM）で示されました。「家計が主体の消費C」、「企業が主体の投資I」、「政府（による投資と消費）G」、「純輸出（EX－IM）」です。

Y＝C＋I＋G＋（EX－IM） **総需要＝消費＋投資＋政府＋純輸出**

GDP = Y は、消費 C が増えるか、投資 I が増えるか、政府 G が増えるか、輸出（EX）が増えれば、増加することがわかります。

投資 I は、利子率 r（金利）の影響を受けると考えられています。企業は、投資を行うための資金の多くを、銀行からの融資、社債の発行・株式の発行で調達しています。利子率 r（金利）が上がれば、資金を集めるコストが増え、投資は減少すると考えられます。

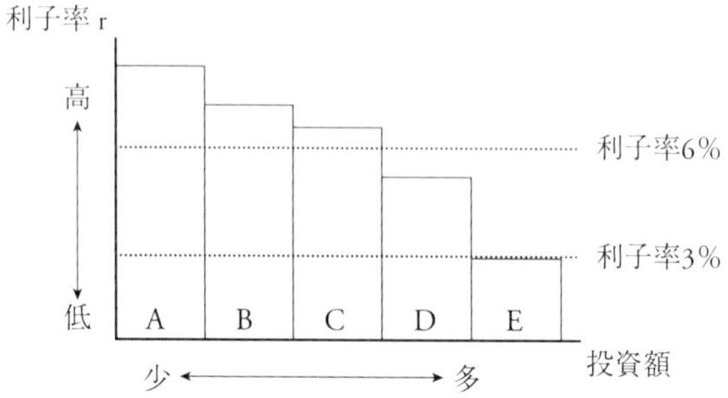

今、ある企業が、いろいろな投資事業を計画しているとします。A 事業は年に 9 %の収益があるとします。B 事業は 8 %、C 事業は 7 %の収益が予想されます。資金をつぎ込む事業が増えるほど、投資の効率は低下します。企業にとって一番良い事業は、少ないコストで、最大の利益を生む事業です。銀行から借り入れをするときの利子率が 6 %の場合、企業は A 事業・B 事業・C 事業を行います。D・E 事業は、6 %の金利で資金を借り入れて投資しても赤字になるので、投資はしません。利子率が 3 %になった場合、D 事業は収益が見込まれますので、投資するでしょう。

このように、投資 I は、利子率 r の影響を受けます。このときの I を I(r) と表現しましょう。

そうすると、いま以下のような式が成り立っています。

$$Y = C + I(r) + G + (EX - IM)$$

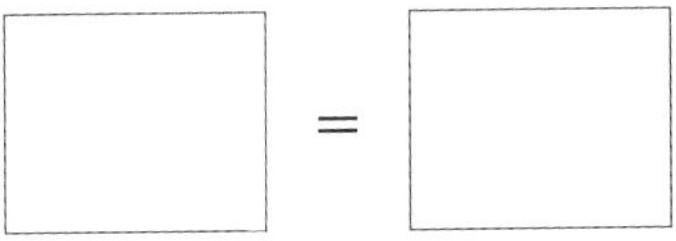

Iが増大すると、Yが増大します。Iは利子率rに依存します。YがY_1に増大すると、消費Cも貯蓄Sも増えます。貯蓄Sが増えた分だけ、Iも増えないと、左辺と右辺が均衡しません。

$$Y_1 > C + I(r) + G + (EX - IM)$$

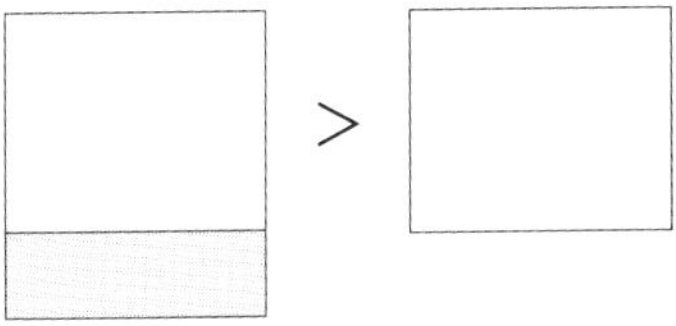

投資Iが増えるためには、利子率rが低下しなければなりません。IがI_1に増加して、左辺と右辺が均衡します。

$$Y_1 = C + I_1(r) + G + (EX - IM)$$

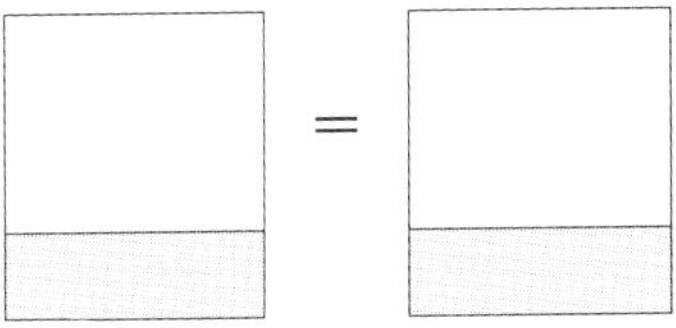

このように、利子率rが下がると、投資Iが増え、Yが増加します。このときのGDP＝Yと、利子率rとの関係を示す曲線をIS曲線といい右下がりで描かれます。

IS曲線は、財市場（モノ・サービス＝いわゆる商品）の需要と供給を均衡させるような利子率rと国民所得Yの組み合わせの集合を示しています。

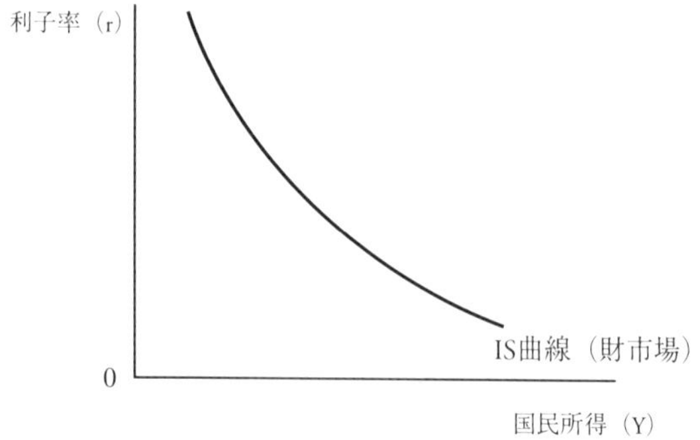

(3) IS-LM分析

IS曲線とLM曲線を同一グラフに重ねてみます。IS曲線は財市場（モノ・サービス＝いわゆる商品の）、LM曲線は貨幣市場の需給の均衡を示しました。両曲線の交点は、財市場と貨幣市場の両方を均衡させるYとrの組み合わせです。

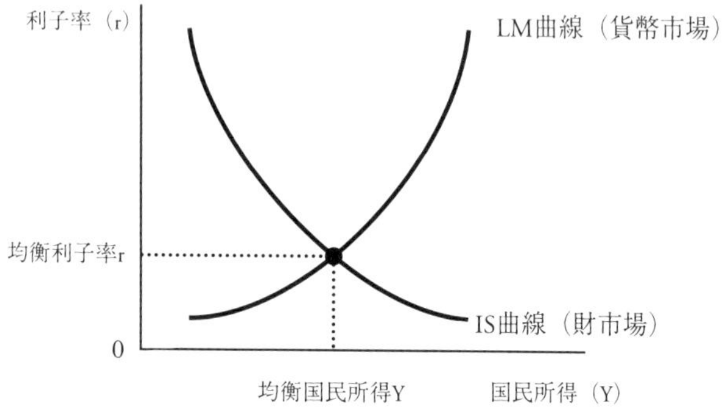

続いて、財政政策・金融政策が、これらの曲線にどう影響するのかを見てみます。

財政政策は、IS曲線をシフトさせます。

(1) $Y = C + I(r) + G + (EX - IM)$

これに公共投資を追加するとG（政府支出）が増えます。そうすると、

(2) $Y < C + I(r) + G_1 + (EX - IM)$

となります。左辺と右辺が均衡するには、左辺のYも増加します。

(3) $Y_1 = C + I(r) + G_1 + (EX - IM)$

また、減税により消費Cを刺激し、企業の投資Iを増やすことができます。これも同じようにIS曲線をシフトさせます。

(1) $Y < C_1 + I_1(r) + G + (EX - IM)$
(2) $Y_1 = C_1 + I_1(r) + G + (EX - IM)$

いずれも、Yの増加になるので、IS曲線は右側にシフトします。

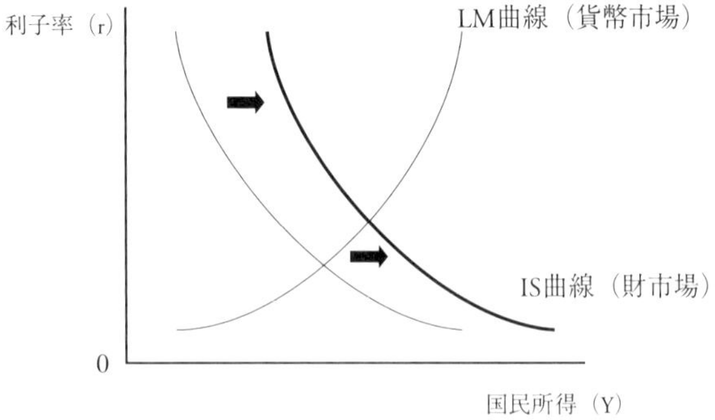

一方、金融政策は、LM 曲線をシフトさせます。日銀が景気を刺激するために、利子率 r を下げます。貨幣の供給（マネタリーベース）を増やし、利子率 r を下げます。

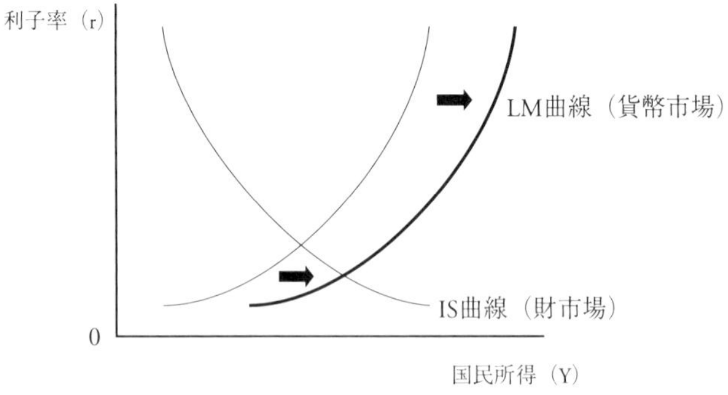

このシフトに基づいて、財政政策・金融政策の効果について検証しましょう。外国との資本・財の取引が自由な、開放経済下での分析[63]です。

63 IS-LM 分析に海外部門を組み入れた、マンデル＝フレミング・モデルです。設定条件の違いによって、結果はさまざまですが、一番シンプルなパターンを扱います。

金融政策の効果

開放経済下では、金融政策は有効だとされています。拡張的金融政策で、貨幣の供給（マネタリーベース）を増やし、利子率 r を下げます。

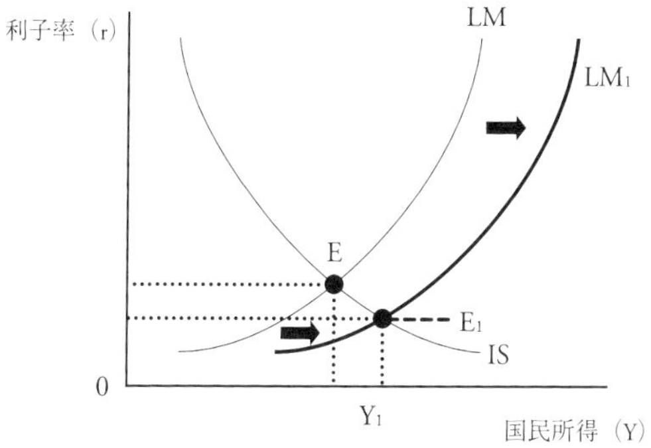

新しい LM_1 曲線のもとで、新しい均衡点は E_1 になります。このとき、GDP ＝ Y は増加しています（Y_1）。また、自国の利子率 r は低下しています。

国内利子率 r が外国より低い場合、利子率の高い国で資本を運用した方が利益は大きいので、資本が日本から外国に移動します。円売りドル買いになります。円安・ドル高で、輸出増・輸入減になります。輸出は総需要を増やします。

$$Y_2 = C + I(r) + G + (EX - IM)_2$$

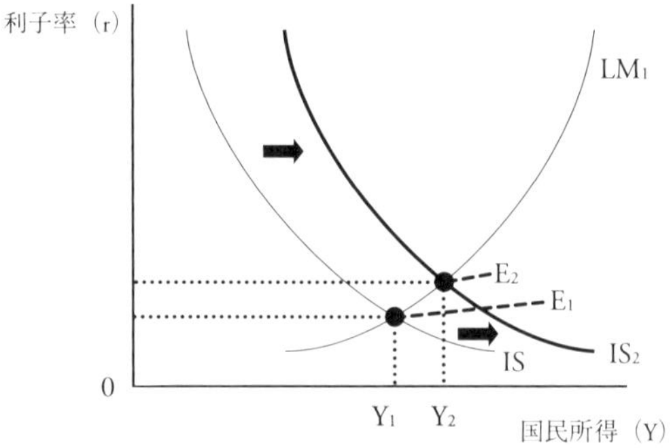

この効果により、新たな均衡点 E_2 では、GDP ＝ Y はさらに増加しています（Y_2）。変動為替相場制で、資本の国際移動が行われる開放経済下では、金融政策は有効とされています。

財政政策の効果

開放経済下では、財政政策は無効か、きわめて限定的な効果しかないとされています。

まず、政府支出 G の増大によって、IS 曲線がシフトします。

$$Y_1 = C + I(r) + G_1 + (EX - IM)$$

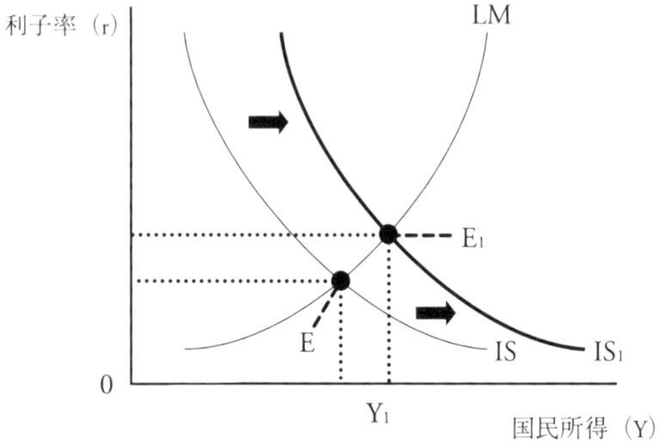

新しいIS_1曲線のもとで、新しい均衡点はE_1になります。このとき、GDP＝Yは増加しています（Y_1）。また、自国の利子率rも上昇しています。

国内利子率rが外国より高い場合、利子率の高い国で資本を運用した方が利益は大きいので、資本が日本に移動します。円買いドル売りになります。円高・ドル安で、輸出減・輸入増になります。輸出は総需要を増やし、輸入は総需要から引かれます。

$$Y_1 = C + I(r) + G_1 + (EX - IM)_2$$

いったんは増加したGDP＝Yですが、$(EX-IM)_2$のマイナスによって相殺され、元に戻ります。

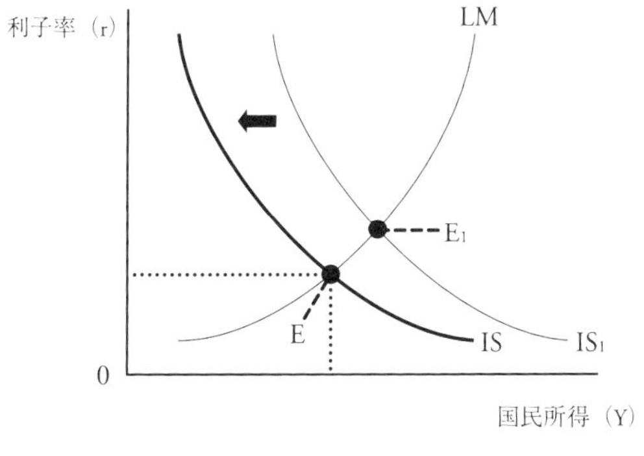

では、１カ国だけではなく、各国が協調して、一斉に財政出動をしたら、どうなるでしょうか。

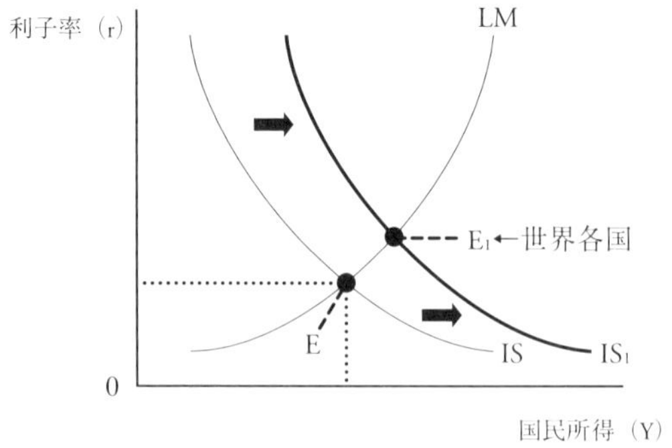

新しい均衡点 E_1 では、利子率rが上昇していますが、各国も同じように、財政出動によって利子率rが上昇したら、「内外金利差」は生じません。資本の移動による為替の変化は起こらないので、輸出減少による、IS曲線の移動（元に戻る）は起こらないと考えられます。国民所得（Y）の増加という結果になるでしょう。

土谷英夫「2つのロンドン会議」日本経済新聞2009年3月23日

変動相場制下の財政拡大は金利と為替相場を押し上げ輸出を減らし、効果が薄いとされる。だが、これは一国が単独で行う場合で、ケインズが勧めたように各国が同時にやれば、効果の漏れ出しは相殺される。

その国の金利が高くなると、金利の低い国からの円買いが発生し、円高になります。その結果、輸出も減速します。ただし、ある1国だけがやるとこうなりますが、世界各国が財政出動をすると、各国の金利が上昇し、ある1国の金利高を目指した資本取引はなくなります。みな相応に金利が上昇するからです。「相殺される」というのは、このようなことを説明しています。リーマン・ショックの際に各国が協調した財政出動の例があります。

財政政策＋金融政策

続いて、財政政策だけではなく、金融政策を加えると、どうなるか検証してみます。

日本が財政出動すると、IS 曲線は下図のようにシフトします。

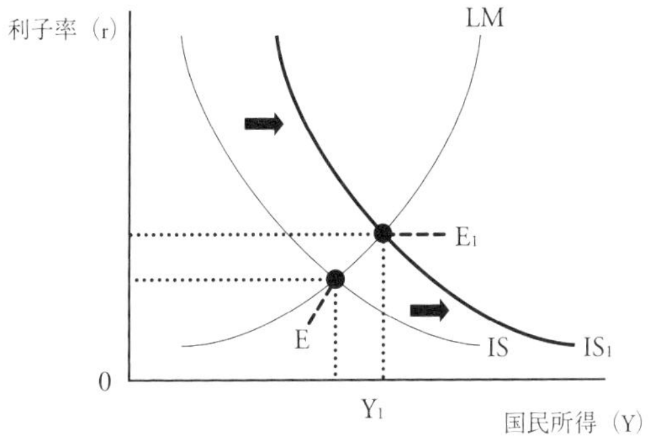

ここで、金融政策を追加します。拡張的金融政策で、貨幣の供給（マネタリーベース）を増やし、利子率 r を下げます。

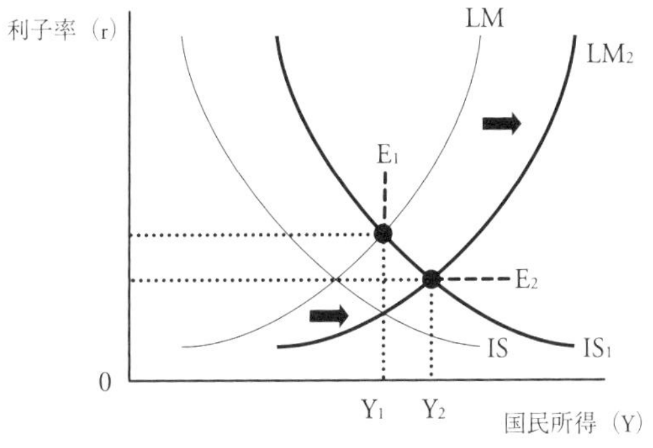

新しい LM_2曲線のもとで、新しい均衡点は E_2になります。このとき、Y は増加しています（Y_2）。財政政策に金融政策を組み合わせると、利

子率 r を上昇させることなく、Y = GDP を増加させることが可能です。

3. 流動性の罠　現在の日本

現在の日本は、金融政策が効かない、流動性の罠の状態にあると考えられています。

岩本康志「エコノミクストレンド・インフレ目標容易ならず」日本経済新聞2009年6月1日

中央銀行は金利を操作することで経済の安定化を図っている。しかし名目金利がゼロに近づき……金利の操作という伝統的な金融政策の手段が失われたとき、つぎに打つ手は何か。
……金利が非常に低くなり、それ以上の貨幣供給が景気刺激効果をもたない状態は「流動性の罠」と呼ばれる。……世界的な経済危機によって、流動性の罠は日本だけに生じた特殊な問題ではなく、どの国でも直面するかもしれない問題であることが明らかになった。

以下はケインズが示した概念です。

J・M・ケインズ『雇用・利子および貨幣の一般理論』塩野谷祐一訳、東洋経済新報社（1995）p207

……利子率がある水準にまで低下した後では、ほとんどすべての人が、きわめて低い率の利子しか生まない債権を保有するよりも現金の方を選好するという意味において、流動性選好が事実上絶対的となる可能性がある。……しかし、この極限的な場合は将来実際に重要になるかもしれないが、現在までのところでは私はその例を知らない。

このような現象が、60年後の現在、実際に起こっていると考えられているのですから、不思議なことです。

松尾匡『不況は人災です！』筑摩書房（2010）p183-185

「人々には、何も買いたいものがなくてもとりあえずおカネを持っておこうとする性質がある」――これです。この性質のことを、ケインズは「流動性選好」と呼びました。「流動性」というのは、おカネのことを指していると考えればだいたい間違いありません。

人々におカネを欲しがる性質があるなんてことは、当たり前じゃないかとお思いかもしれませんね。

……ケインズ理論が登場する前……カネを持つのは何か買いたいものがあるからであって、それでなければ利子をかせぐために誰かに貸すはずだと考えられていました。

……たしかにその一部は誰かに貸そうとするでしょう。でも、別の一部は、おカネのまま自分で持っておこうとするとケインズは言います。流動性選好説ですね。

……流動性選好が一番ひどくなった「流動性のわな」……に陥ると、手に入ったおカネを全部おカネのまま持ってしまって、誰にも貸さなくなります。……物価水準が下がって、その分おカネが浮いても、人々はそれも手元に残しておこうとします。

……一九九〇年代の日本……第二次大戦後はじめて、本格的なデフレというものを経験したのです。これによって、ケインズの真意が再発見された。……真の原因は流動性選好にあるというものです。

流動性とは、「いつでもどこでもすぐに使える」ことです。現金は、「流動性が高い」となり、株や債券は、現金化しようと思ってもすぐにはできないので、「流動性が低い」となります。土地や不動産なら、「流動性は特に低い」となります。

「現金でいいや」と考えることを、「流動性選好」といいます。

使わなかったおカネをどう持つか。その一つの選択肢が「誰かに貸す」です。社債でもいいし、株でもいいし、国債でもいいし、要するに「貸す」です。こちらは、すぐには現金化できないので、「流動性が低い」といいました。

もう一つの選択肢は、「現金のまま持っておこう」です。現代社会でいえば、普通預金とか、当座預金もここに入りますね。キャッシュカードで引き出せるので、銀行預金は「現金」とみなしていいようです。

私たちは、「誰かに貸す（投資する）」か、「現金のまま持っておく」か、どちらをどのように選ぶでしょうか。

誰かに貸すのなら、利子（投資するなら、株の配当とか、国債・社債の利子）が付きます。この利子が、７％とか10％なら、現金より流動性は落ちても、株・社債・国債などで保有することを選択するかもしれません。

一方で、「流動性」も捨てがたいです。いつでもどこでもすぐに使えるキャッシュは魅力的です。要するに、「貸す」か「現金で持つか」は、利子率によると考えられます。

この利子率が、二昔前の「郵便局の定期」みたいに、10％も付けば、流動性を捨てて、定期預金を選ぶ人が多くなります。

この場合のお金の増え方は次の通りです。

	１年後	２年後	３年後	４年後	５年後
100万	110万	121万	133万	146万	161万

どうでしょう。５年後に1.6倍になります。これなら、「子どもの進学資金に」など、十分に考えられる選択肢です。

では、逆に利子率が非常に低かったら、「ゼロ金利」とか、今の普通預金0.1％ほどなら、どうでしょうか。

	1年後	2年後	3年後	4年後
100万	100.1万	100.200万	100.300万	100.4006万

松尾匡　前掲書 p80-81

家計も銀行もみんな、おカネが入っても貸付や債券や株などにまわさずに、全部おカネのまま持ってしまう——こういう状況のことを、「流動性のわな」と言います。……九〇年代の終わり頃から日本経済は、この流動性のわなの状態にあると言われました。

そうであれば、日銀がいくらお金を増やしても、それが貯め込まれて世の中に出回らないのも当然です。

p188-189

まさにおカネをどんどん飲み込むブラックホールです。……「ゼロ金利」……。……世の中で一番低いこの利子率が、おカネをそのまま持つときと同じゼロになった……。……もうそれよりも利子率が下がらなくなるのです。流動性のわなそのものです。

利子率が0.1％とか0.01％なら、現金で持とうが、債券で持とうが、どうでもいいと考える人が多くなります。どっちでも同じことだからです。ですが、現金には、流動性があります。金利が同じならば、持つなら、株・社債・国債よりも、現金の方が魅力的です。これが「流動性選好」です。

また、「金利が最低」ということは、「債券価格は最高値」ということでもあります。そうすると、少しでも金利が高くなると債券価格は下がりますので、買っても値上がりすることのない債券など、誰も購入しなくなります。金利もそれ以上に、下がることができません。これが「流動性の罠」と呼ばれる状態です。金融緩和をしても、現金で貯め込み、債券（投資）に回らないということになります。

「『量的緩和』でもマネー回らず」日本経済新聞2010年１月31日

……実体経済への効果はみえず、大量のマネーは短期金融市場にとどまったままだ。昨年12月の全国銀行の貸出残高（月中平均）は４年ぶりに減少に転じた。……「肝心の企業の設備投資意欲が鈍い」（日銀幹部）という。

金融政策で、下図のようになればいいのですが、日本の場合、図の銀行から右に、カネが回っていません。

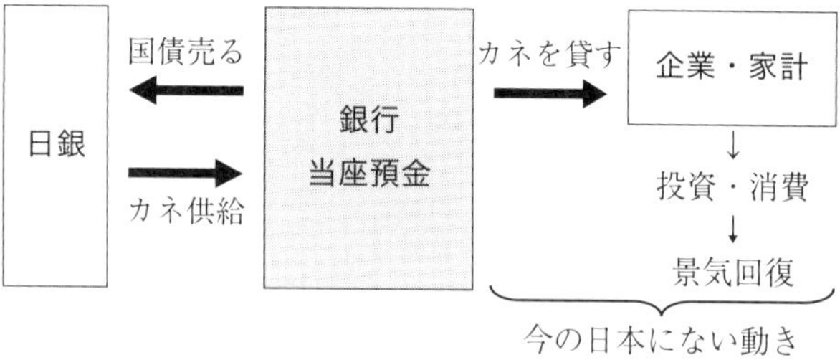

日銀にある、「各銀行の口座＝日銀当座預金」は過去最高額になっています。せっかく金融緩和しても、そのカネが、銀行の当座預金に積み上がり、市中に出回っていかないのです。

日銀当座預金残高　(単位 億円)日銀

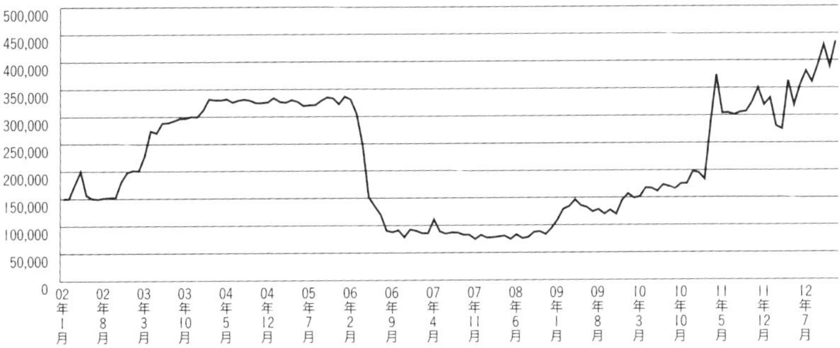

さらに、各銀行にも、カネが積み上がっています。

日銀が誘導している、銀行間の一時的な貸し借りに用いられる短期金利（無担保コールレート）は、ゼロ金利と呼ばれる状態です。これ以上は、低金利にすることはできません。

無担保コールレート　(単位 %)日銀

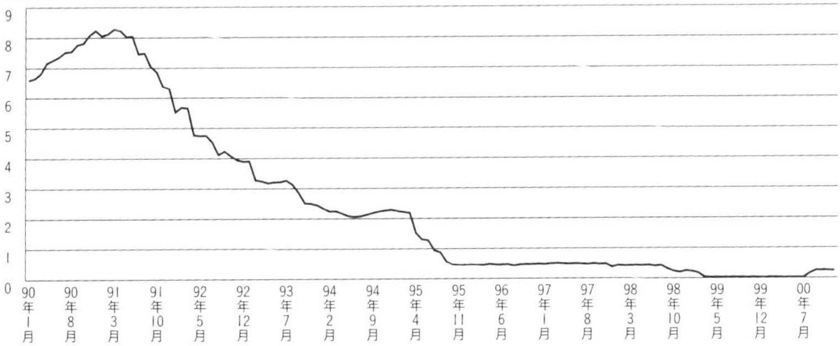

この流動性の罠の場合、LM 曲線の傾きは、無限に水平に近くなります。金融政策によって、利子率（ゼロ金利）を下げることはできなくなります。金融政策を発動しても、所得Ｙに影響を及ぼすことができません。

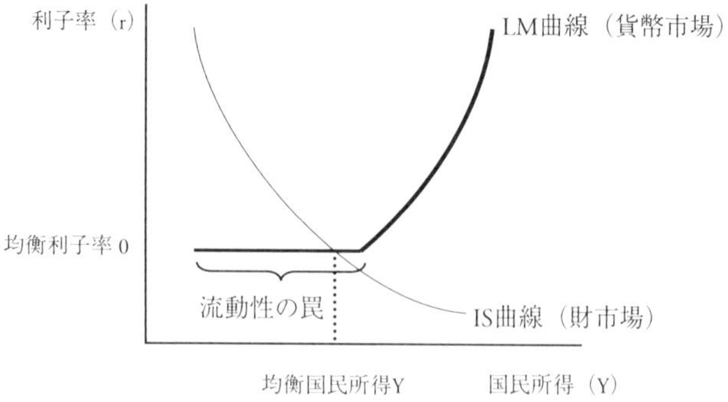

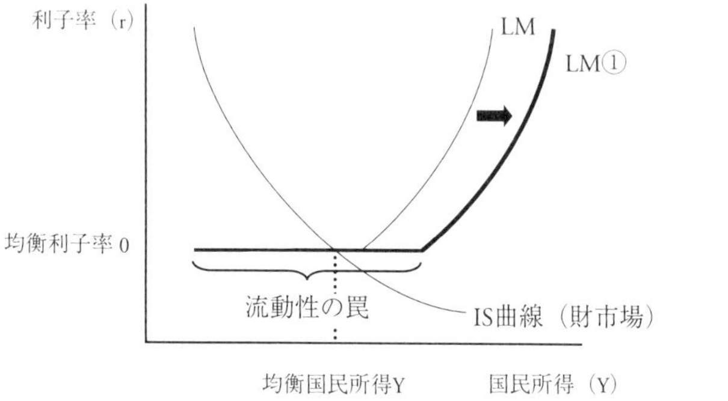

LM 曲線の正常な部分は、右に動きますが、水平部分は、そのまま引きずった形になります。金融政策は無効となります。

4．アベノミクス

「米財務次官『アベノミクス』を支持　公式で初めて」産経新聞2013年2月12日

ブレイナード米財務次官（国際問題担当）は11日記者会見し、積極的な金融緩和と財政出動を柱とする安倍政権の経済政策（アベノミクス）について、「デフレ脱却を目指す努力を支持する」と述べ、理解を示した。米政府高官が安倍政権の経済運営をめぐり公式に支持したのは初めて。

ブレイナード次官は「米国は、成長の促進とデフレ脱却を目指す日本の努力を支持する」と明言し、オバマ政権としてアベノミクスを評価していることを強調した。

2012年末、３年半ぶりに政権についた自民党安倍内閣は、アベノミクスといわれる、大胆な経済政策を打ち出しました。目標は、経済再生とデフレ脱却です。その政策の柱は、３本の矢といわれています。

「大胆な」金融政策（１本目の矢） 「機動的な」財政政策（２本目の矢） 「民間投資を喚起する」成長戦略（３本目の矢）

(1)　金融政策

「大胆な」金融政策（１本目の矢）とは、デフレから脱却するために、日銀と連携し「物価上昇率目標２％」をかかげ、無期限で金融緩和するというものです。2013年の黒田日銀総裁の就任で、大胆な金融政策の転換が行われることになりました。具体的にはマネタリーベースを2012年末実績の138兆円から、14年末に270兆円に増加させる見通しです。

これまでの日銀の金融政策は、「上昇率１％を物価安定のめど（ゴール)」としてきましたが、2012年は「ターゲット」に改め、2013年、具体的内容を伴った、いわゆるインフレ・ターゲットを導入しました。これまでとは180度違う政策といえます。

櫻川昌哉「中銀の独立性、歴史に学べ」日本経済新聞2013年１月17日

……安倍首相は物価上昇率２％の目標を日銀に強く求めているが、それ自体はさほど問題ではなく、むしろ望ましいといえる。

大胆な金融政策とは、「金利を下げる」というスタンダードな政策に対し、それができない状態なので、「量的に緩和する＝マネーの量を増やす」というものです。

ここで、日銀の金融政策について簡単に復習しておきましょう。日銀は直接コントロールできるマネタリーベース（通貨の総量）に働きかけて金利を上げ下げし、より大きなマネーストック（世の中にあるお金の総量）を動かそうとするものでした。

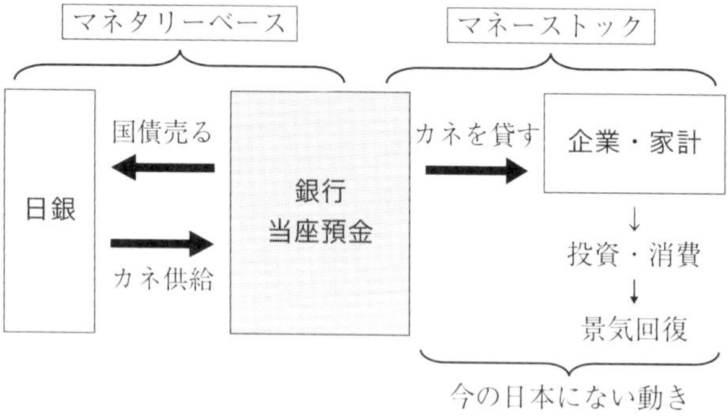

しかし、マネタリーベースとマネーストックはその規模が違います（約９～10倍）。ですから、「マネタリーベース３％増→マネーストックが３％増」という単純な関係にはなりません。これができたら、どこの国も金融政策で苦労なんかしないわけです。

マネタリーベースとマネーストックは二つの扇風機のようなもので、片方の扇風機（マネタリーベース）を回して風を送り、もう一方の扇風機（マネーストック）を回す仕組みになっています。日銀は、大きな扇風機（マネーストック）を直接回すことはできません。

これだけ規模に差がありますので、小型扇風機の力で、大型扇風機が回りはじめるまでにはタイムラグがあります。

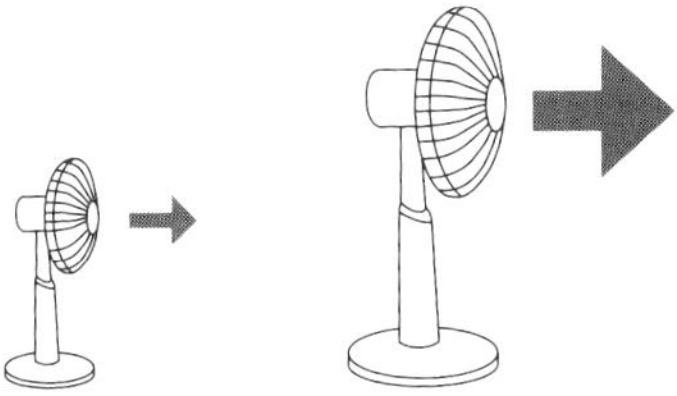

しかしながら、マネタリーベースとマネーストックの間には、相関関係があります。特に2000年代の両者の相関は顕著です。

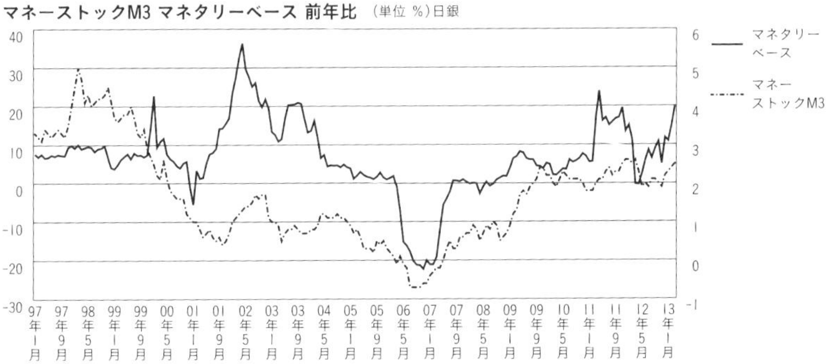

マネーストックM3 マネタリーベース 前年比 （単位 %）日銀

三菱UFJモルガン・スタンレー証券「嶋中雄二の景気サイクル最前線」

2012年７月11日

……日銀によるマネタリーベースの拡大が重要である、という我々の量的金融緩和拡充の主張に対して、最近、メディアにおいて、匿名や署名入りのさまざまな原稿を通じて、あちこちで反論を目にする。

……②「マネタリーベースは98年から２倍以上に拡大したが、インフレ率の上昇や経済の拡大には結びつかなかったから効果がない」とか、あるいは③「日銀当座預金残高が過去最大になったが、貸し出しには全く影響しないので無意味」、といった、毎度毎度の現状維持で良しとする、日銀擁護論的な反論である。

まず③だが……いずれにしても、日銀が日銀当座預金と日銀券を供給して、貸し出しに全く影響しないことなどあり得ない。……マネタリーベースでマネーストック（M3）を割った信用乗数の値が低下しているが、伸び率に直してみると、マネタリーベースの前年比を10％増やせばマネーストックの前年比が１％伸びるという安定的な関係が、1990年代以降、今日まで一貫して続いている。

この、マネタリーベースを、２倍に増やすというのが、2013年のアベノミクス・黒田日銀総裁による、非伝統的金融政策というものです。マネタリーベースを２年で２倍、270兆円にすると決定されました。誰もが驚いた、まさに異次元の金融緩和なのです。

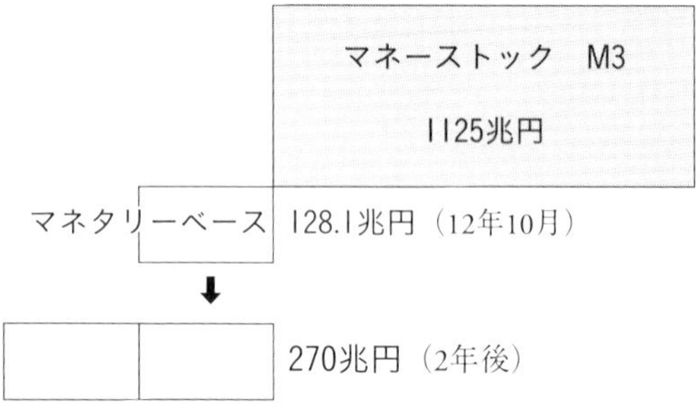

この、「非伝統的金融政策」は成功するのでしょうか？　すでに前例があります。それが、リーマン・ショック以降にアメリカFRB（中央銀行）が採用した金融緩和政策です。

バーナンキFRB議長は、元プリンストン大学の経済学部教授で、1929年に始まる世界大恐慌の研究家でした。日本のバブル経済期以降のデフレについても専門的に研究し、日銀の政策に対し、苦言を呈してきました。

議長に就任した２年後、リーマン・ショックが起こり、彼は矢継ぎ早に、大胆かつ早急なQE1〜QE3と呼ばれる非伝統的金融緩和政策を繰り出しました。自分の理論を実践したのです。

		量的な金融緩和	質的な金融緩和
2008年11月〜	QE1	１兆7250億ドル	住宅ローン債券の購入（1兆2500万ドル）
2011年６月〜	QE2	6000億ドル	
2012年９月〜	QE3	国債を毎月450億ドルずつ購入	住宅ローン債券を毎月400億ドルずつ購入
		期間を設けず、失業率が6.5%に下がるまで	

量的緩和として、市場に資金を大量に供給したのみならず、中央銀行がリスク証券を購入する質的緩和さえ行いました。

サブプライム・ローン[64]の暴落に端を発する住宅バブルの崩壊が、リーマン・ショックにつながります。アメリカの住宅市場は壊滅的に冷え込みました。FRBは、その「不良債券」さえ大胆に購入し、住宅ローン担保証券の利回りを低下させ、冷え込んでいた住宅市場を正常な状態に戻そうとしたのです。本来であれば、中央銀行がこのような債券を下支えするのは、考えられないことです。国債と違い、リスクがあまりにも大きいからです。

64 「プライム」とは住宅ローンの優良な借り手のことで、「サブプライム」とは懸念のある借り手のことです。

さらに、量的緩和では、信じられないほど、マネタリーベースを増やしました。日本が、この期間に、マネタリーベースを1.5倍しか増やさなかったのに対し、アメリカは3.5倍です。資金をジャブジャブに市場に供給したのです。リーマン・ショック後の円高・ドル安はこの資金量増加の比率がもたらしたものです。

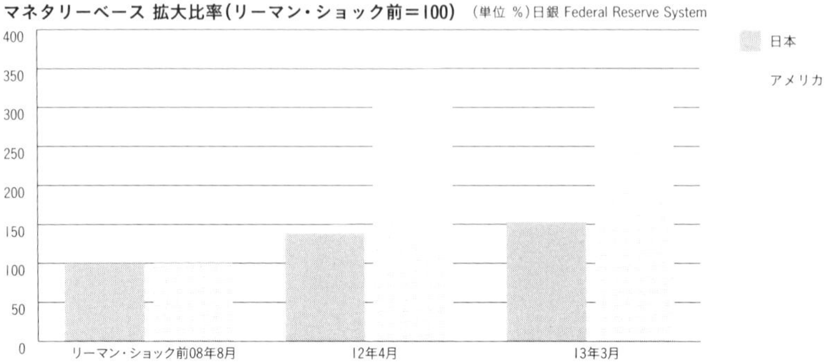

マネタリーベース 拡大比率(リーマン・ショック前=100)
(単位 %)日銀 Federal Reserve System

FRBの大胆な金融緩和によって、アメリカの株価は、リーマン・ショック後半年で底を打ち、その後一貫して上昇してきました。

「NYダウ48ドル高　連日の過去最高値更新」日本テレビ系(NNN)
2013年5月9日

アメリカ・ニューヨーク株式市場で8日、ダウ平均株価は2日連続で過去最高値を更新した。終値は前日比48ドル92セント高の1万5105ドル12セントだった。

失業率も、リーマン・ショック前の5.80%(2008年)から、9.28%(2009年)と急激に上昇(IMF統計)しましたが、その後一貫して下がり続けました[65]。

GDPも、順調に回復しています。

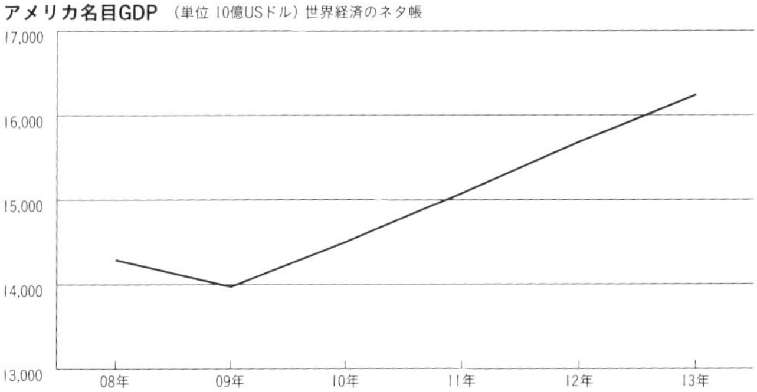

アメリカ名目GDP（単位 10億USドル）世界経済のネタ帳

インフレ率も、グラフの通りです。

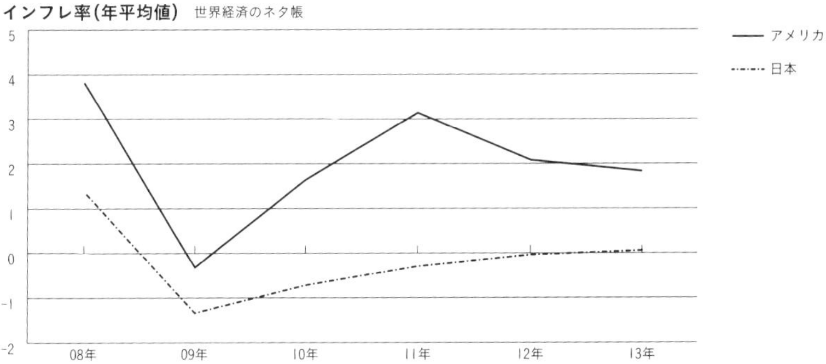

インフレ率(年平均値)　世界経済のネタ帳

では、日銀の今回の金融政策を詳しく見てみましょう。

65 「2013年５月３日発表のアメリカの４月の雇用統計は、非農業部門雇用者数の前月比の伸びは16万5000人で３月の13万8000人（確定値）から回復して市場予測の14万5000人を上回り、失業率は7.5％で３月の7.6％から0.1ポイント改善しこれも市場予測を上回った」（『エコノミックニュース』2013年５月７日）

	量的な金融緩和	質的な金融緩和
2年後目標	マネタリーベース2倍 138兆円→270兆円	長期国債89兆円→190兆円 ETF（投資信託）1.5兆円→3.5兆円 J-REIT（不動産投資信託） 0.11兆円→0.17兆円

日銀の金融政策では、国債を大量に購入しますので、「保有する長期国債残高が日銀の発行する紙幣のそれを超えない」といういわゆる「日銀券」ルールも、一時的に廃止されます。

かねてから日銀の金融政策を批判し、インフレ・ターゲット政策の導入を唱えてきた、岩田規久男（元学習院大学教授）を日銀副総裁に迎え入れるなど、「アベノミクス」「黒田日銀体制」は、量的・質的に、まさに信じられないほどの、コペルニクス的転回政策を採用したのです。

インフレ・ターゲットとは、本来、インフレをその水準内に収めるというもので、日本のようにデフレ状態からそのインフレ率を目指すというものではありません。

実際に、2002年の日銀の政策決定会合では、当時の速水優総裁が「経済を無謀な賭けにさらす」と意見したのをはじめ懸念が相次ぎ、インフレ・ターゲット導入は見送られました。

工藤教孝「やさしい経済学」日本経済新聞2013年1月30日

……さらなる金融緩和で景気がよくなり、物価が上がるとのシナリオはうまくいくのでしょうか。少なくとも日銀には自信がなかったようで、それが採用に消極的だった理由と考えられます。

一方、先進各国の中央銀行では、前もって望ましいと考える物価水準を公表し、市場に対して金融政策の透明性を確保しようという手段である「物価安定目標政策」を採用しています。イングランド銀行（BOE）は「インフレ目標」+2％（1992年～）、欧州中央銀行（ECB）は「物価安定の定義」＋２％未満かつ２％近辺（1998年〜）、米連邦準備理事会（FRB）は「長期的な物価目標」＋２％（2012年〜）としています。BOEの場合は、目標を達成できない際には、財務省に報告義務さえあります。

アベノミクスでは、「流動性の罠」の下、どのように金融政策を実現しようとしているのでしょうか。そこには、実質金利・名目金利が関係してきます。

p151では次のように説明しました。

> 物価が２％下落するデフレ状態だと、名目金利がゼロでも、実質的な金利は２％になります。
>
> 逆に、名目債務は、名目金利＋実質金利となり、負担が重くなります。たとえば、銀行金利が２％の場合、デフレで物価が２％下落すると、２％＋２％＝４％になります。

日本は、短期金利も長期金利も史上最低になっていますが、実は、高金利とも考えられるのです。

実質金利＝名目金利－インフレ率（１年後の予想）

名目金利は、消費者にとっては、銀行預金金利と考えてよいでしょう。

たとえば、金利10％だとします。100万円預ければ、１年後に110万円になります。一方、１年間に、モノの値段が10％上がれば（インフレ率10％）、110万円で買えるものは、１年前に100万円のモノです。名目で10万円（10％）増えても、実質的には０％の利率になります。

実質金利＝名目金利－インフレ率

０％　　　10％　　　10％

お金が増えても、何のありがたみもありません。逆に、モノの値段が下がる（デフレ）状態だとします。モノの値段が10％下がる（100万円→90万円）と、110万円で買えるのは、1.22個分です。１年前には100万円のモノを１個買えたのですが、名目金利が10％付き、デフレで10％モノの値段が下がると、1.22個買えるのです。モノの価値＜カネの価値です。

実質金利＝名目金利－インフレ率
20％　　10％　　－10％

デフレのときは、名目金利がたとえ０％でも、モノの下落率分、金利が付くのと同じことなのです。日本の場合、ゼロ金利でも、物価が下落していますので、実質的な金利は高くなっています。カネを持っているだけで、そのカネの価値が高くなっているのです。今の日本は、次のようになっています。

実質金利＝名目金利－インフレ率
１％　　０％　　－１％

企業が投資を控えているのは、このような背景があります。いくら名目金利を下げても、実質金利が高ければ、企業は投資を控えます。

ここで、アベノミクスで宣言された２％の物価目標を、人々が予想したとします。そうすると、

実質金利＝名目金利－インフレ率
－２％　　０％　　２％

となり、実質的な金利がマイナス、つまり、お金を持っていても、損

をする（物価が１年後には上昇している）＝モノを買うと得をするという状態になります。企業は土地や資産の購入に向かうと考えられます。

齊藤誠ほか『マクロ経済学』有斐閣（2010）p156

緩やかには、設備投資と実質金利との間に負の関係が認められる。すなわち、1980年代後半や2000年代には、実質金利が低下する局面で民間設備投資／GDP 比率が上昇する傾向が認められる。逆に、1990年代前半のように実質金利が高止まりしている場合には、民間設備投資／GDP 比率が低下している。

田中秀臣『デフレ不況　日本銀行の大罪』（2010）朝日新聞出版社　p227-228

要するに「利子率が低下すれば投資は増加する」のです。そしてここで問題となる投資を決定する利子率とは……実質利子率なのです。……つまり民間がこれまで「デフレが続くだろう」と思っていたものを、「これからはインフレになるに違いない」と考えを変えさせることです。

この状態を、「流動性の罠」の下での IS-LM のグラフに表わすと、次のようになります[66]。

66　西孝、前掲書 p139～を参考にした。

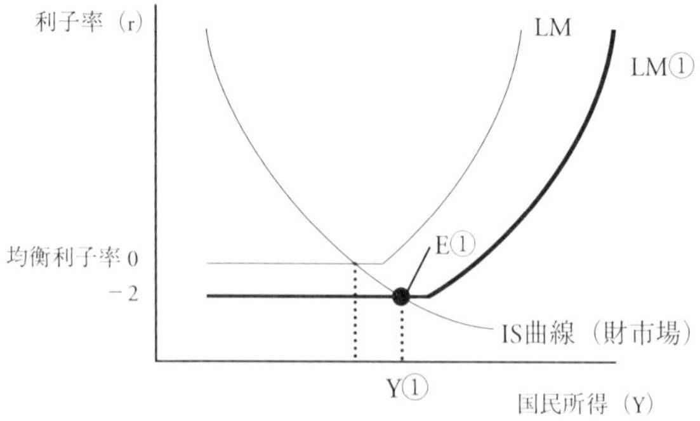

実質利子率はマイナスとなり、LM 曲線は全体として下に２％分だけ下がり、新しい均衡点はＥ①になります。Ｙは増加しています。私たちが物価上昇を予想すると、経済が活性化する可能性があるのです。

政府・日銀が「物価を上昇させます」と宣言することで、私たちがそれを信じればよいのです。これがインフレ・ターゲット政策です。

浅田統一郎『マクロ経済学基礎講義　第２版』（2005）中央経済社 p89・154

人々の物価予想に働きかけることによって、流動性のワナのもとでも金融政策が有効になり得る、という理論がクルーグマンによって提唱されている。……中央銀行が……伝統的な金融政策にこだわることなく金融政策を運営すると宣言し、宣言したことを責任を持って実行すれば……実質利子率はマイナスになり、投資は刺激される。

齊藤誠ほか　前掲書 p472-473

中央銀行は、現在の名目貨幣供給量を実際に引き上げるだけでなく、貨幣市場の参加者に対して、将来にわたって名目貨幣供給量の拡大を維持することを信じてもらえなければ、現在の物価水準を引き上げることが難しい。

……現在の物価水準を引き上げようと思えば……拡大した名目貨幣供給をずっと維持しなければならない。……将来にわたって名目貨幣供給を高水準で維持する必要性がいっそう高まる。

「黒田総裁　物価上昇に自信」読売新聞2013年６月20日

企業や家計の活動に大きな影響を与えるのは実質金利とされる。黒田総裁は、「実質金利は一部ではマイナスになっている」とも述べた。「量的・質的緩和」が、予想物価上昇率を引き上げているとの見方だ。

星岳雄「成長回復へ構造改革急げ」日本経済新聞2013年１月18日

安倍政権……経済政策を重視しているのは……日本経済再生の観点からは望ましい変化だ。特に、デフレ脱却のために今まで以上に拡張的な金融政策を日銀に求めるのは方向性としては合っている。

日銀の黒田総裁が大規模な金融政策を打ち出した（2012年11月）ことによるアナウンスメント効果に引きつづき、2013年４月に政策が実行され始めてからも、量的緩和の効果は明らかにあがっています。円はドル、ユーロ、ポンド、スイスフラン、豪ドルに対して独歩安となっています。

「デフレ心理和らぐ」日本経済新聞2013年２月13日

家計の景気回復期待が高まり、デフレ心理が和らいでいる。内閣府が12日発表した2013年１月の消費動向調査……。……１年後の物価見通しを聞いた調査では、「上昇する」と答えた人の割合が、65.3%と前月から5.7ポイント増えた。11年２月以来の増加幅だ。

「上場企業２割増益　今期経常円安効果鮮明に」日本経済新聞2013年５月11日

上場企業の2014年３月期の連結経常利益は、前期に比べ２割増える見通しだ。……円が一時１ドル＝101円台後半と４年７カ月ぶりの水準まで円安が進む……。好調な内需も支え……リーマン・ショック前で過去最高だった08年３月期の９割程度の水準に戻りそうだ。

「株、一時１万4600円」読売新聞2013年５月10日

日経平均株価は取引時間中としては08年６月６日以来、約４年11か月ぶりに１万4600円台を回復した。……精密機械や自動車などの輸出関連株を中心に幅広い銘柄に買い注文が膨らんでいる。

(2) 財政政策

現在、日本の名目 GDP は、次のようになっています。

（内閣府）

19年度	20年度	21年度	22年度	23年度	24年度
513兆円	490兆円	474兆円	480兆円	473兆円	475兆円

日本はリーマン・ショック以降（19年度）、景気後退期にあります。東日本大震災（23年度）の影響もあり、景気回復は腰折れとなっています。そこで、財政政策の必要性が唱えられています。

アベノミクスでは、平成24年度補正予算、平成25年度本予算で、機動的な財政出動（公共投資）が計画されました（２本目の矢）。公共投資額だけで、補正予算では２兆4000億円、平成25年度予算では、前年度より15.6%アップの５兆3000億円を計上しました。４年ぶりの上積みです。

合計すると、平成24年度予算案の公共事業額の1.7倍にもなります。また、この公共事業を含む「補正予算＋平成25年度予算＝15カ月予算」の総額は、106兆円にもなります。

今までは、日銀の量的緩和によって紙幣が刷られても、デフレで企業や家計が投資や消費を控えたために、そのカネが市中に出回りませんでした。

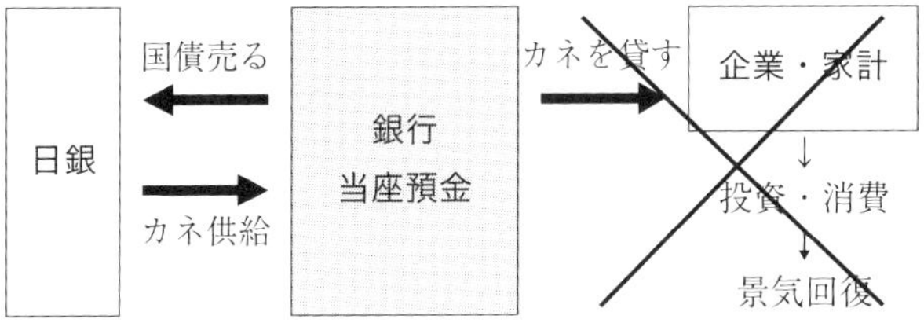

しかし、政府が国債を発行（新規国債は42兆2853億円）して公共事業を行えば、企業や家計のかわりにカネを回すことになります。この公共投資額は、間違いなく、直接的に市中に回ります。

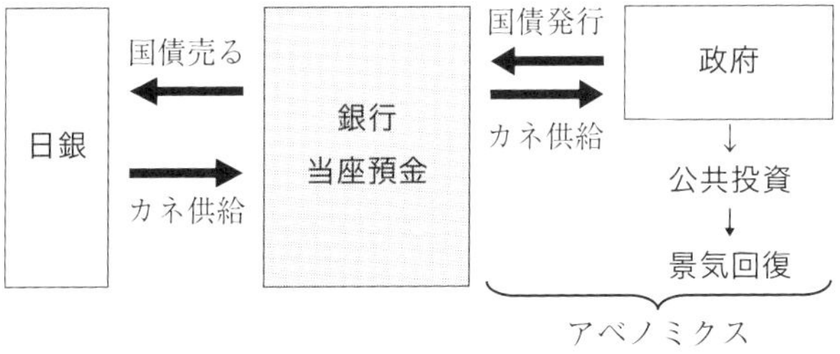

この財政政策を、「流動性の罠」の下でのIS-LMのグラフに表すと、次のようになります[67]。

67　参考文献　齊藤誠ほか　前掲書　p335

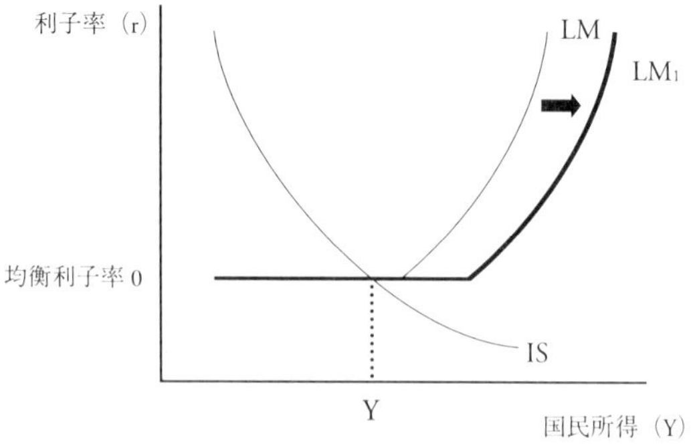

「流動性の罠」の下では、金融政策を発動しても、無効でした。Y に変化はありません。そこで、政府支出 G を増大し、IS 曲線をシフトさせます。

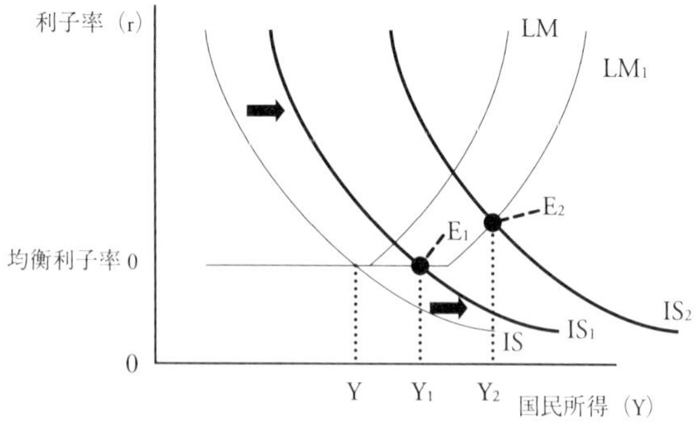

IS_1効果により、新しい均衡点は、E_1やE_2になります。このとき、GDP ＝ Y は増加しています（Y_1や Y_2）。金融政策が効かない「流動性の罠」の下では、財政政策は有効とされています。

このようにアベノミクスは、金融政策と財政政策を組み合わせ、日本の景気回復を図ろうとしています。

岩田規久男『デフレと超円高』講談社現代新書（2011）p213

多くの人が誤解しているが、マネタリー・ベースの持続的な拡大によるデフレ脱却は、中央銀行がばら撒いた貨幣を民間がモノやサービスに使うことから始まるのではなく、自分が持っている貨幣を……使って株式を買ったり、外貨預金をしたり……することから始まるのである。

p143-144

量的緩和は……「モノの購入に使われる結果、物価を引き上げる」のではなく、為替相場や株価に影響を与えることから、その効果を発揮し始めるのである。

金融緩和継続

↓

予想インフレ率に影響

↓　　　　↓

①為替相場　　②株式市場

↓　　　　↓

円安・輸出増　　資産効果

コラム 「空売りとは」

日銀が、大胆な金融緩和策を採用すると、外国人投資家が、日本国債に空売りを仕掛け、国債暴落・円安・ハイパーインフレになるという説もあります。

週刊現代、2011年２月26日号 p176～179

……大規模な金融緩和なんてしたらどうなるか。日本の国債は日銀が引き受けないと消化できなくなったと判断して、みんな逃げていきますよ。……50兆も……日銀が国債を引き受けたら、市場に対して「日本の財政はもう破綻する」とシグナルを送るようなものだ。

……日銀がめちゃくちゃな金融緩和をやったら、世界の投資家が日本国債にカラ売りをかける。その結果、国債も円もドーンと値下がりしてハイパーインフレが起きる。そうなったらもちろん財政は破綻、倒産企業も続出で日本経済は地に落ちる。そして、すべてリセットしたうえで焼け跡からの再出発に賭けるんだ、と。

……海外投資で資産を逃がしておくとか。円が暴落したら、逆に儲かる。今の話は冗談に聞こえるかもしれませんが、そうじゃないですよ。先ほど言った最悪のシナリオが、あと何年かで現実になる可能性は高い。

空売りとは、高いときに売って、安く買い戻すことです。1997年のアジア通貨危機の発端は投機家によるタイ通貨（バーツ）への空売りでした。そこで起こったことを見てみましょう。

1ドル＝25バーツ（固定相場制）でした。外国人投資家は、あらゆるところからバーツを借りて、バーツの空売りを仕掛けます。バーツが売られ、ドル高になります。

固定相場制ですから、タイの中央銀行が、バーツ買い・ドル売りで対抗します。投資家は「バーツ売り・ドル買い」、中銀は「ドル売り・バーツ買い」です。

中銀保有のドルが涸渇すると、固定相場制を維持できなくなりました。あとはバーツ暴落一直線です。実際にバーツはドルに対して最高で55.5％下落し、１ドル＝45バーツとなったのです。

ここで外国人投資家は、ゆうゆうと、今度はドルで、「たくさん買えるバーツ」を手にします。バーツを貸してくれたところに、同じ額のバーツを返して終わりです。これが「空売り」です。90年代にはイギリスの中央銀行でさえ、投機家のジョージ・ソロスらにポンド売りをけしかけられました。

タイは、安定した投資を国内に呼び込むために、ドルとバーツを事実上固定していました。世界的にドル安だったときには、タイの輸出は毎年20％以上もの高率で順調に伸び、GDP も拡大していましたが、ドル高になると一転、輸出はマイナスになってしまいました。タイにドルで投資していた投資家は、資本を引きあげます（バーツ売り・ドル買い）。そこを、ファンドに狙われたのです。

加えて、アジア通貨危機の際の、インドネシア・韓国・マレーシアもドルペッグ（事実上の固定相場制）を採用していたので、外国によるドル買いに対し、その国の中央銀行がドル売りで対抗する必要がありました。上限はその国の持つ「外貨（ドル）」です。結局外貨が底を突き、IMF の緊急融資、さらに固定相場を維持できなくなり、変動相場制移行になりました。通貨は暴落しました。

マレーシアは30％、インドネシアは80％、韓国は40％も通貨が暴落しました。これは、遠くロシアまで波及し、ロシアの国債までデフォルトしました。投資家が、「新興国通貨はあぶない」といって、一斉に資金を引きあげたからです。

やはり、ここにも、「国際金融制度のトリレンマ」問題があります。

●アジア通貨危機の場合

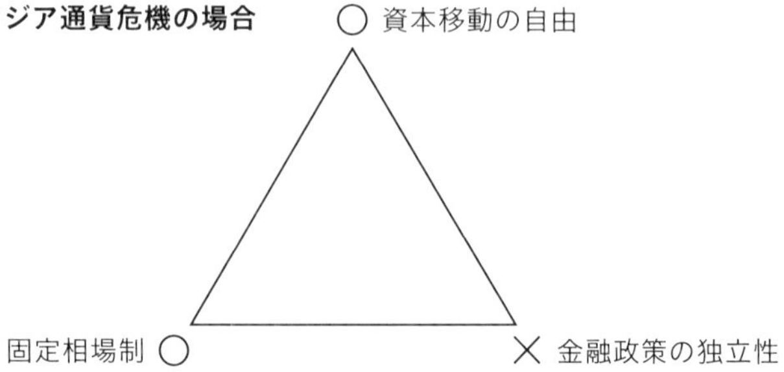

	日本、米、ユーロ(対ユーロ圏外)、英 etc	1997年アジア圏	中国
資本移動の自由	○	○	×
固定相場制	×	○	○
金融政策の独立性	○	×	○

戦後の IMF = GATT 体制（1ドル＝360円時代）は、3つの要素のうち、①資本移動の自由化を放棄しました。資本移動の自由化とは、たとえば外国の株や債券を買うなどの、海外投資のことです。②固定相場制の目的は、為替リスクの封じ込めにあります。③金融政策の独立性は、完全雇用の実現にあります。この3つは同時に達成することが不可能です。

たとえば、ある国が「不況」だとします。「金融政策」を発動し、金融緩和をします。そうすると、金利が下がります。金利が下がると、資本（カネ）は、高金利の国へシフトします（資本移動）。そうすると、固定相場制が成り立たなくなります。

この場合、

①資本移動の自由○
②固定相場制×
③金融政策の独立性○

となります。現在の日本やアメリカです。

一方、1997年当時のアジア諸国の場合、

①資本移動の自由○
②固定相場制○
③金融政策の独立性×

となっていました。①外国からの投資を呼び込むために、②安定した通貨にする（固定相場制）のですが、さらに、③金利まで、アメリカドルの２倍にしていました。世界中から投資を呼び込むためです。

投資家は、同じ金利なら、安定性の高い先進国に投資します。アメリカ優先です。しかし、タイの場合、ドルとバーツは事実上同じ通貨であり、しかもタイに投資すれば、アメリカドルの２倍も金利が付きます。投資家にとっては、安心なバーツ（ドル）で、しかも２倍の金利を手にできます。

この、原理的に無理な「トリレンマ」を追求したことから矛盾が生じ、それが通貨危機をもたらしたのです。

もっとも、変動相場制になり、大幅な通貨安になったアジア各国がその後奇跡的に回復しているのは、みなさんご承知の通りです。

さて、日本の場合、国債が空売りされ、国債も円も暴落し、ハイパーインフレになるという可能性はあるのでしょうか？

まず、2012年度の日本の国債発行残高（国債、借入金、政府短期証券）は991兆円で、2013年度末には1000兆円を超えると予想されてい

国債等の保有者内訳 （単位 %）日銀2012年第3四半期速報

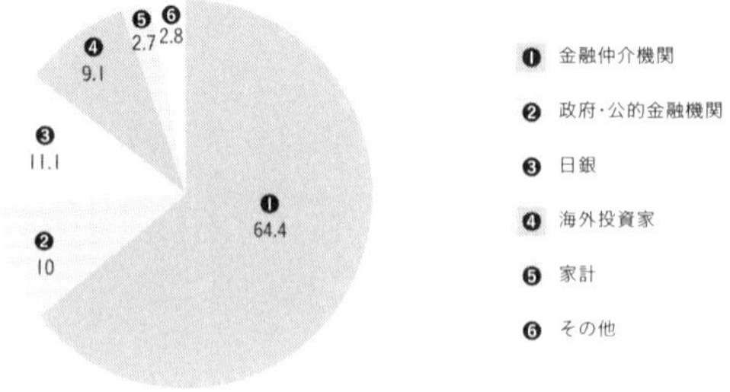

ます。

そして、外国人投資家は、日本の国債の9.1％を保有しています。

総額として、彼らは国債を約90兆円所有していることになります。「万が一にもありえません」が、それを彼らが示し合わせて、ある日一斉に空売りするとしましょう。

2012年の債券市場での国債売買高は8737兆9047億円です（公社債種類別店頭売買高　日本証券業協会)。ちなみにリーマン・ショック前は1京円を超えていました。

これを市場の年間営業日250日で単純に割ると、1日あたり34兆9516億円の市場取引が行われていることになります。そのほかに国債先物取引市場が1日4兆円ほどあり、株式市場・東証一部の売買代金は1日に2兆8191億円です（日本経済新聞2013年2月7日)。

海外が持つ国債90兆円がある日一斉に、この日本の国債市場に売りに出されるとします。それは、日本の国債市場（先物を除く）で3日分にもなりません。そのレベルは下記の程度のようです。

投資銀行家ぐっちーさん『なぜ日本経済は世界最強と言われるのか』東邦出版（2012）p114

……日銀が政策変更でもしていない限り我々プロから見れば絶

好の押し目、つまり買い場としかなりません。…… 1.5%の金利があれば日本国債を買いたい金融機関は国内にごちゃまんとあり、その需要は300兆円どころではありません。

「国債中心の運用継続」毎日新聞2013年７月24日

生命保険協会長に19日に就任した佐藤義雄・住友生命保険社長は……「現状の金利水準なら、第２四半期（７～９月）も国債を買いに行ける」と語り、今後も各社が国債を中心に資金運用を続けるとの見方を示した。……生保各社の主要な資金運用対象となっている20年物国債の利回りは足元、1.7%前後で推移。「この水準なら（運用益が確保でき）為替リスクのある外債投資をする必要はない」と指摘した。

この状態で、何を狙って「空売り」するのでしょうか？　空売りし、日本国債が暴落（？）したときに、安い値段で日本国債を再び購入する……。

外国人が、日本売りを仕掛けても、実際には、びくともしません。日本は空売りをする相手としては、巨大すぎるのです。

また、「日本が破綻すれば、アジア通貨危機のときのように、IMF傘下に入って財政再建」云々という話もありますが、IMFが救おうとしても、日本が巨大すぎて、助けることができません。IMFの融資額は、全世界を合わせて、最大14兆円ほどです。

さらに、固定相場制ではないので、日銀が介入する必要など、もともとありません。それこそ架空の話として、アジア通貨危機のように、外国人投資家の「円売りドル買い」に「円買いドル売り」で対抗するとします。

外国人投資家の保有国債の総額が約90兆円なのに対し、日本政府が持っている（つまり中央銀行が持っている）外貨準備は2013年１月末で、１兆2672億9900万ドル＝120兆円ほどです。勝負は最初からついています。

「世界の投資家が日本国債にカラ売りをかける。その結果、国債も円もドーンと値下がりしてハイパーインフレが起きる。そうなったらもちろん財政は破綻、倒産企業も続出で日本経済は地に落ちる」

現在のところ、そんなことはまったく心配するにおよばないのです。

おわりに

いかがでしょうか。ここまで読み進めてきたみなさんは、今までと違った視点で、日本経済、世界経済を分析することができるようになったのではないかと思います。それは、経済 Economy と経済学 Economics について、「後者の学問で、前者の経済現象を解説する」視点を持ったということになります。

経済学は完成された学問ではありません。マクロ経済学とミクロ経済学でも矛盾があり、またミクロ経済学であっても、「人間は合理的ではないし、すべての情報を持たずに行動するのではないか」と仮定すると、「行動経済学」という領域に細分化されます（最終的には、行動経済学は「人間は合理的だ」ということを論証しようとします）。

アベノミクスは、実は色々な経済学のてんこ盛りです。まず、インフレ期待は、ルーカスなどの主張する「合理的期待形成」という経済理論によるものです。1本目の矢「金融緩和」は、フリードマンらマネタリストの、「インフレとはいついかなるときでも貨幣的現象だ」という、貨幣供給量が物価水準に影響を与えるとする理論に基づいています。2本目の矢「財政政策」は、言わずと知れた、需要面重視のケインズ政策。そして3本目の矢「成長戦略」は、あえていうなら、規制緩和などをすすめ、需要面より供給力を重視するサプライサイド経済学でしょうか。

週刊エコノミスト、2013年4月2日号　p29

アベノミクスについて、土居教授〔慶應・土居丈朗教授〕は「思想的背景が異なる経済理論を混ぜたアベノ“ミックス”だ」と評する。

しかも、ここに挙げた合理的期待形成説、マネタリズム、ケインズ政策、サプライサイド経済学は、それぞれ相反するもので、それぞれが欠陥を抱えている（＝すべてが正しいわけではない）というものです。

本書で扱ったIS-LM分析も、「物価（予想物価上昇率を含めて）を一定」とするという「短期的には物価は変動しない」状態を前提にしているので、経済現象のすべてを説明することはできません（とはいえ、ルーカスも、フリードマンも、ケインズを解説したヒックスも、サプライサイド経済学に貢献したマンデルも、みなノーベル経済学賞受賞者です）。

いずれにしても、一つの理論だけで、全体を説明するのは無理です。

ただ、一方で、200年たっても色あせない事実もあります。

アダム・スミス『国富論㊤』日本経済新聞出版社（2007）p1

どの国でも、その国の国民が年間に行う労働こそが、生活の必需品として、生活を豊かにする利便品として、国民が年間に消費するもののすべてを生み出す源泉である。

この本が、みなさんが経済学の扉を開けるきっかけになれば幸いです。

最後になりますが、本書は、河出書房新社・編集部の田中優子さんの熱心な導きによって完成することができました。また、編集者の小都一郎さんによって、文章・本書の構成をより明快なものにブラッシュアップしていただきました。感謝申し上げます。

本書を上梓するきっかけを作ってくださったのは、数々の経済書の翻訳を手がけている山形浩生さんです。前著を「山形浩生が選ぶ経済がわかる30冊」に選んでいただいた時点から、すべてがスタートしました。かかわってくださったみなさん、支えてくださったみなさん、本当にありがとうございました。

追記・補足

IMF国際収支マニュアルの改訂に伴い、国際収支の表記法が、2014年1月（3月公表分）から、変更されます。最大のポイントは、従来の資本収支項目部分です。①海外資産の増加について、今までは、経常黒字＝資本収支（−）と記載していたものを、（＋）表示に変え、海外資産・負債の増減を示す表記に変えたこと、②「資本収支」と「外貨準備増減」を「金融収支（ファイナンシャル・アカウント）」という大項目にまとめ、金融が重視される現代の経済動向を反映したことです。

旧来「経常黒字＝広義資本赤字、経常赤字＝広義資本黒字」だったものが、「広義経常黒字＝金融黒字、広義経常赤字＝金融赤字」になります。「金融赤字」＝「海外の日本投資額＞日本の海外投資額」です。

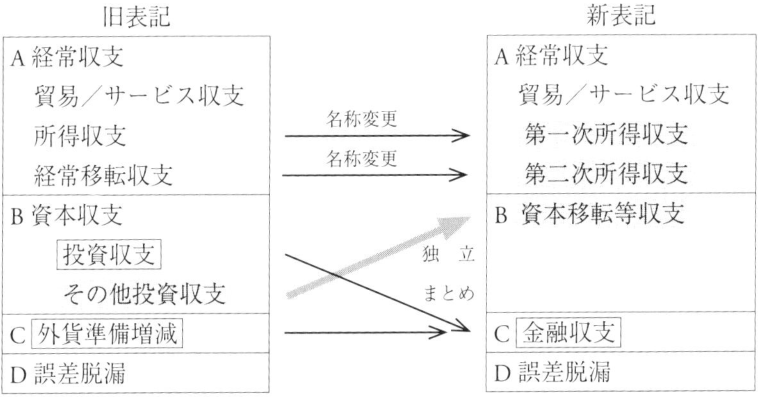

旧表記　：経常収支＋資本収支＋外貨準備増減＋誤差脱漏＝0

新表記　：経常収支＋資本移転等収支−金融収支＋誤差脱漏＝0

金融収支赤字（海外の日本投資＞日本の海外投資）＝広義経常収支赤字

金融収支黒字（海外の日本投資＜日本の海外投資）＝広義経常収支黒字

旧表記→新表記試算（日銀「国際収支関連統計の見直しについて」）

2012年国際収支（兆円　四捨五入誤差あり）

旧

モノ・サービス他		広義資本収支	
経常収支	4.8	資本収支	△8.2
1貿易サービス収支	△8.3	外貨準備増減	3.1
2所得収支	14.3	誤差脱漏	0.3
3経常移転収支	△1.1		
合計	4.8		△4.8

→

新

広義経常収支		金融収支	
経常収支	4.8	金融収支	5.1
1貿易サービス収支	△8.3	（外貨準備△3.1含）	
2第一次所得	14.3		
3第二次所得	1.1		
資本移転等収支	△0.1		
誤差脱漏	0.3		
合計	5.0		5.1

2013年10月国際収支速報値を新基準にまとめたもの　財務省（億円）

広義経常収支		**金融収支**	
経常収支	△1,279	金融収支	△4,174
貿易／サービス収支	△14,055	（外貨準備増減含む）	
第１次所得収支	13,615		
第２次所得収支	△838		
資本移転等収支	△175		
誤差脱漏	△2,720		
合計	△4,174		△4,174

2013年9月	5,948	5,948
	赤字化 ↓	赤字化
2013年10月（速報）	△4,174	△4,174

金融収支赤字(通年)の場合、対外資産額増＜負債額増ですから、見かけ上「対外純資産」が、現在の額よりも減ります（p45対外資産・負債残高グラフ参照)。それは、日本の持つ海外資産の取り崩しではなく、海外からの日本への投資額が増えているということを意味します。金融赤字＝海外の持つ日本資産の増、金融黒字＝日本の持つ対外純資産の増を示します。

ただし、この国際収支表には、純粋な資本取引は載りません（P70)。資本取引は、実体経済（モノ・サービス取引）の100倍以上にも上ります（P49-50)。

菅原　晃（すがわら・あきら）
1965年生まれ。北海道公立高等学校の教諭。
慶應義塾大学経済学部卒業。玉川大学大学院修士課程文学部（教育学専攻）修了。自費出版した本書の前身である『高校生からのマクロ・ミクロ経済学Ⅰ』『高校生からのマクロ・ミクロ経済学Ⅱ』（いずれもブイツーソリューション刊）は、古本価格が高騰するほどの話題の書となった。本書が初めての著書となる。

高校生からわかるマクロ・ミクロ経済学

2013年 9 月30日　初版発行
2014年 2 月28日　 9 刷発行

著者　　菅原晃（すがわら・あきら）
装丁　　岡本洋平＋島田美雪（岡本デザイン室）
発行者　小野寺優
発行所　河出書房新社
東京都渋谷区千駄ヶ谷2-32-2
電話　03-3404-1201（営業）　03-3404-8611（編集）
http://www.kawade.co.jp/
組版　株式会社キャップス
印刷　株式会社暁印刷
製本　加藤製本株式会社
落丁・乱丁本はお取り替えいたします。
本書のコピー、スキャン、デジタル化等の無断複製は著作権法上での例外を除き禁じられています。本書を代行業者等の第三者に依頼してスキャンやデジタル化することは、いかなる場合も著作権法違反となります。
Printed in Japan
ISBN978-4-309-24628-4